ulmer

Robert Sulzberger | Tobias Mayerhofer

BLATT-SCHÖNHEITEN

Gärten vielfältig gestalten mit attraktiven Blattformen und -farben

Inhalt

Blätter und Strukturen im Trend 5

Das Spektrum der Blattfarben 23

Prägende Pflanzengestalten 81

Mit Blättern gestalten 107

Service 137

Blätter und Strukturen im Trend

Im Vergleich zu Blüten werden Blätter gerne unterschätzt. Dabei sind diese Organe nicht nur lebenswichtig, sondern sie prägen ganzjährig das Bild von Natur und Gärten.

Die faszinierende Welt der Blätter

Wenn wir durch die Natur wandern, nehmen wir unter Umständen überhaupt nicht bewusst wahr, dass wir in natürlicher Umgebung ständig von Blättern umgeben sind. Und so fehlt leider oft auch die Wertschätzung für diese Wunderwerke der Natur.

Wir freuen uns über die vielen unbekannten Blüten am Wegesrand und beim Rundgang im Garten über jede Rosenknospe, die sich in einem Schmuckbeet, am Gartenzaun oder gar bei repräsentativem Einzelstand öffnet. Doch das Laub der Bäume im Wald, die Grashalme der Rasen und Wiesen, die Blätter der Blumen und die urzeitlichen Wedel der Farne, die schon lange vor dem Menschen die Erde besiedelt haben, bemerken wir oft nicht.

Diese Blätter spielen eine entscheidende Rolle für das Leben der Pflanzen – und damit für alle Lebewesen dieser Erde. Denn sie sind es, die mithilfe des Chlorophylls aus dem Sonnenlicht Energie gewinnen und mit deren Hilfe Kohlendioxid und Wasser in Zucker und andere organische Verbindungen umwandeln. Und bei diesem Vorgang bleibt Sauerstoff übrig, der von der Pflanze wieder ausgeatmet wird. Ohne diese Bestandteile wäre kein Leben auf unserem Planeten denkbar. Die Aufgabe der Blätter besteht also in der Aufnahme von Sonnenenergie, in Atmung und Verdunstung. Man nennt diese Vorgänge Photosynthese.

VIELFÄLTIGE ÜBERLEBENSKÜNSTLER

Pflanzen gedeihen in allen Erdteilen – in lichtarmen Wäldern oder unter der gnadenlosen Wüstensonne, an Salzwasser-Küsten, auf zeitweilig schneebedeckten Gipfeln oder unter Wasser. Um dort jeweils ihre Aufgaben in optimaler Weise erfüllen zu können, haben sich die Blätter oft in erstaunlicher Weise an die unterschiedlichen Umweltbedingungen angepasst.

Als Ergebnis entwickelte sich im Laufe der Evolution eine schier unüberschaubare Vielfalt an Formen: Es gibt riesige und winzige, ganzflächige oder fein gefiederte, fleischige, glatte, stark geaderte und behaarte Blätter. Sogar innerhalb einer Pflanze ist die Laubform variabel, je nach Pflanzenteil (Basis oder Triebende?) und Alter. Ein augenfälliges Beispiel dafür, wie sie sich im Laufe der Jahre verändert, ist der Efeu: Im Jugendstadium bilden sich die charakteristischen, fünfgliedrig gefingerten Blätter aus, wogegen sie im Altersstadium, wenn der Efeu auch blüht, größer werden und eine rundliche Herzform annehmen.

UNTERSCHÄTZTE QUALITÄTEN

Angesichts der verschwenderischen Farbenpracht der Blüten ist es nur allzu verständlich, dass ihnen im Garten die größte Aufmerksamkeit zukommt. Doch bei genauer Betrachtung stellt man fest, dass diese Pflanzenteile in der Regel recht kurzlebig sind und nur ein vorübergehendes, saisonales Phänomen darstellen. Blüten dienen auch nicht essenziell zur Lebenserhaltung der jeweiligen Pflanze, sondern „nur" ihren sexuellen Trieben – also zur Weitererhaltung und -verbreitung der Art.

Während frische junge Efeublätter die typische gefingerte Form aufweisen (links), wird das Laub an älteren Trieben zunehmend größer und herzförmiger (rechts, Sorte 'Hibernica').

Während also die Blüten meist nur wenige Wochen für Abwechslung im Garten sorgen, prägt das Laub fast die komplette Wachstumsperiode über das Erscheinungsbild. Man könnte sagen: Die Blätter bilden die eigentliche Substanz, ja das Herzstück jeder Pflanzung!

Bei der Gestaltung eines lebendigen, abwechslungsreichen Gartens sollten diese nur scheinbar zweitrangigen Pflanzenqualitäten daher keinesfalls vernachlässigt werden. Das Grün der Blätter ist ein Symbol für das Leben, es wirkt wohltuend kühl und beruhigend.

Musik vom Blatt

Sogar dem Hörsinn bieten Blätter interessante Reize, wenn sie wie kleine Segel vom Wind bewegt werden. Geradezu sprichwörtlich machen sich die an dünnen Stielen hängenden Blätter der Espe oder Zitterpappel bemerkbar: Sie vibrieren beim kleinsten Windhauch „wie Espenlaub" und erzeugen so ein sanftes Rascheln.

Im durchschnittlichen Garten muss man mit kleineren Gehölzen vorliebnehmen, deren Blätter meist nicht ganz so beweglich sind. Beruhigende, ohrenschmeichelnde Geräusche lassen sich aber auch durch große Gräser erzeugen, wenn deren Halme aneinander reiben, insbesondere im Herbst, wenn sie vertrocknen.

Strukturpflanzen für die moderne Gartengestaltung

Auch ohne kräftige Blütenfarben, allein mit unterschiedlichen Wuchsformen und Blattfärbungen lassen sich durchaus kurzweilige und spannungsreiche Situationen in Gärten gestalten.

Wie wir noch in späteren Kapiteln sehen werden, bedient sich die moderne Gartengestaltung besonders intensiv der Blatt- und Pflanzentexturen. Auf jeder Gartenschau unserer Tage sieht man den einen oder anderen neo-barocken Schaugarten, in dem z. B. eine einzige Grasart (oft *Miscanthus*) in größerer Zahl verwendet und mit nur einer prägnanten, dazu passenden Blütenpflanze kombiniert wird. Auf diese Weise entsteht eine kühle, schlichte Eleganz, die nicht jedermanns Geschmack sein mag, deren Wirkung man sich jedoch kaum entziehen kann.

WAS SIND BLATTSCHMUCKPFLANZEN?

Das Grün der Blätter, insbesondere von Gräsern und Bäumen, erzeugt in unseren Gärten die grundlegenden Strukturen. Die lebensspendende Färbung des Chlorophylls bildet somit die „Leinwand", auf der mithilfe der Blüten die bunten Gartenbilder entstehen. Doch schon innerhalb dieser Laubfarbe gibt es zahlreiche Nuancen, von frischem Gelbgrün bis hin zu dunklem Blaugrün. Die Evolution und zufällige Mutationen führten darüber hinaus zu reizvollen Abweichungen vom gängigen Erscheinungsbild, mit besonderen Farben und Formen. So entstanden z. B. Blätter mit weißer Zeichnung an Blattadern oder Rändern (Panaschierung). Durch Züchtung und Auslese hat der Mensch solche Entwicklungen künstlich gefördert,

Die riesigen Blätter der Zierbanane repräsentieren tropische Üppigkeit, aber leider auch Frostempfindlichkeit.

weitergeführt und verfeinert, was Schönheiten mit malerischen Mustern hervorbrachte, wie *Houttuynia cordata* 'Chameleon' oder *Brunnera* 'Jack Frost'. Das Spektrum umfasst kräftig gelb, rot und bläulich gefärbtes, graufilziges und silbrig schimmerndes Laub, was der Gestaltung zahlreiche Möglichkeiten eröffnet.

REIZVOLLE VIELFALT

Die Züchter haben in den letzten Jahrzehnten eine reiche Auswahl blattbunter Sorten geschaffen, aus der Sie sich bedienen können. Aber der Begriff „Blattschmuckpflanzen" lässt sich noch viel weiter fassen.

Manche Blätter beeindrucken allein durch ihre Größe, wie Schaublatt (*Rodgersia*), Tafelblatt (*Astilboides*) und Mammutblatt (*Gunnera*). Bei anderen lohnt es sich, der Kontur oder der Oberflächenstruktur Beachtung zu schenken, z. B. bei Farnen (gefiedert), bei Klee- und Hauswurz-Arten (symmetrische Anordnung) oder der Königskerze (behaart). Die fühl- und sichtbaren Eigenschaften der Blattoberfläche lassen sich mit dem Begriff Textur ▶ Seite 82 zusammenfassen.

Blattschmuckpflanzen finden sich unter den Beetstauden, bei Gräsern und Sommerblumen. Gehölze mit auffällig gefärbten oder geformten Blättern wie die Blut-Pflaume oder der Japan-Ahorn 'Aconitifolium' prägen aufgrund ihrer schieren Größe massiv das Gartenbild. Selbst im Bereich der Kräuter und Gemüse sind dekorative Gestalten zu entdecken, wie z. B. blattbunte Salbei-Sorten, der Rote Mangold oder der Grünkohl 'Redbor'.

Das zart gefiederte Farnlaub von *Dryopteris erythrosora* (dahinter *Heuchera*) treibt bronzerot aus.

Bei alldem sollte man nicht vergessen, dass sogar viele Blütenstauden attraktives oder gar gefärbtes Laub vorweisen können, das sie auch noch jenseits ihrer Blütezeit zur Zierde macht, wie z. B. Astilben, Christrosen, Mädchenauge, Storchschnabel- (*Geranium*-) oder *Sedum*-Arten.

Die Beschäftigung mit dieser unerschöpflichen Vielfalt der kultivierten Natur und den entsprechend reichhaltigen Gestaltungsmöglichkeiten kann durchaus Leidenschaften wecken: Es gibt manch überraschende Schönheit zu entdecken! Und dabei müssen Sie sich nicht vom allzu Spektakulären blenden lassen: Der größte Zauber liegt oft in den einfachsten Erscheinungen, wie dem zarten Grün eines frischen Austriebs oder der Anmut eines formvollendeten Blatts.

Naturnahe Lösungen für alle Lagen

Blattschmuckpflanzen passen sehr gut in naturnah angelegte Gärten, wo sie sogar an schattigen Plätzen gedeihen können. Allerdings sollten, wie bei allen Pflanzungen, die Ansprüche der Arten berücksichtigt werden.

Bei den am prächtigsten blühenden Stauden, Zwiebel- und Sommerblumen sind wir gewohnt, dass sie in den gemeinschaftlichen Beeten die besten Bedingungen benötigen: möglichst volle Besonnung, einen lockeren Boden, der durch regelmäßige Bearbeitung frei von Unkraut gehalten wird, ausgiebige Düngung und bei Trockenheit zusätzliche Wassergaben.

Natürlich schätzen auch zahlreiche Blattschmuckpflanzen solch luxuriöse Voraussetzungen. Doch sie sind meist nicht in derselben Weise darauf angewiesen wie die hochgezüchteten Blütenwunder. Ihr Optimum liegt oft in einfacheren, dennoch recht spezifischen Verhältnissen. Es empfiehlt sich daher, jeweils Arten zu wählen, die den vorherrschenden Standortbedingungen angepasst sind. Der Lohn sind gesunde Pflanzen, die ohne großen Pflegeaufwand gedeihen.

KLIMA UND BODEN SETZEN DEN RAHMEN

Als Grundlage für die Gartenplanung und Pflanzenauswahl sollten Sie sich das jeweilige **Klima** bewusst machen – sowohl das der Region als auch das Kleinklima am spezifischen Standort. Befindet sich der Garten in einer milden Weinbaugegend oder in einer rauen Mittelgebirgsregion? Liegt er geschützt oder ist er Wind und Kaltluftflüssen ausgesetzt? Liegt der vorgesehene Pflanzbereich in der vollen Sonne, im lichten Wechselschatten eines laubabwerfenden Gehölzes oder im ganzjährigen Schatten hinter einem Gebäude? Beachten Sie dabei: In praller Sonne können Pflanzen mit aufgehellten Blättern leicht „verbrennen“! Andererseits brauchen viele buntblättrige Sorten ausreichende Besonnung, damit sie nicht verblassen und angemessen zur Wirkung kommen.

Welche **Bodenart** herrscht vor – durchlässiger und sandiger, schwerer lehmiger oder gar toniger Boden? Wurde er zuvor regelmäßig bearbeitet, mit Nährstoffen oder Humus angereichert? Wer nicht durch Augenschein und Vorgeschichte zu einem klaren Bild kommt, der nimmt am besten vor der Pflanzplanung eine Bodenprobe und lässt diese in einem geeigneten Institut untersuchen.

Aus der Summe der beobachteten Bedingungen entsteht zuletzt das Profil, an dem Sie sich bei der Auswahl der Pflanzen orientieren sollten. Diese Anpassung ist die Voraussetzung für eine langfristig erfolgreiche Pflanzengemeinschaft. Doch keine Angst – Sie werden für alle Standortbedingungen eine Anzahl geeigneter Arten finden, sodass sich jeder Gartenbereich auch mithilfe interessanter Blattfarben und -texturen gestalten lässt.

Im naturnahen Garten erweist sich als zusätzlicher Vorteil, dass die meisten Blattschmuckpflanzen keine intensive, gar mineralische Düngung benötigen, wie dies im Prachtstaudenbeet üblich ist. Und das hat eine weitere umweltfreundliche Folge: Obwohl Blätter normalerweise die ersten Opfer von saugenden und beißenden Insekten sowie von Pilzbefall sind, werden sie durch eine naturgemäße organische Ernährung weniger aufgedunsen – und sind somit auch weniger attraktiv für diese Schadorganismen.

BESONDERS WERTVOLL IM SCHATTENGARTEN

Für sonnige Lagen mit durchlässigem Boden stehen zahlreiche Arten zur Auswahl, wie Edeldistel, Federgras, Fetthenne oder einige graulaubige Pflanzen. Ist der Untergrund trotz Besonnung frisch-feucht, lassen sich mit Frauenmantel, Pfennigkraut und Kalmus passende Lösungen finden.

Doch in jedem Garten gibt es auch Plätze, die nur wenig Sonnenlicht abbekommen. Diese Bereiche erscheinen oft als Problemzonen, denn die Prachtstauden verweigern hier die Blüte, und statt des Rasens entwickelt sich oft nur Moos. Doch gerade unter solchen Umständen gelingen oft besonders harmonische und naturalistische Pflanzenbilder – und zwar unter wesentlicher Mitwirkung von Blattschmuckpflanzen. In einem späteren Kapitel werden diese Möglichkeiten noch ausgiebig beleuchtet.

VARIATION MITHILFE VON GEFÄSSEN

Wenn Sie Blattschmuckpflanzen in Gefäßen halten, hat dies den Vorteil, dass Sie zu jedem Zeitpunkt nahezu jeden Ort damit schmücken können – auf befestigtem Boden, aber auch in Form frei aufgehängter Ampeln.

Diese Kulturform ermöglicht nicht nur eine gezielte Dekoration zu besonderen Anlässen. Sie können auf diese Weise auch die jeweilige Pflanze just zu dem Zeitpunkt prominent platzieren und präsentieren, an dem sie sich von ihrer schönsten Seite zeigt!

Über die bekannten Balkon- und Kübelpflanzen hinaus lassen sich grundsätzlich auch die meisten heimischen, winterharten Arten wie Buchs (immergrün), Gräser oder Funkien (einziehend) in Gefäße pflanzen und notfalls sogar frostgeschützt überwintern.

Naturnah und abwechslungsreich: Funkie 'First Frost' über einem Teppich öhrchenförmiger Haselwurz-Blättchen

Die Beschaffenheit der Blätter

Die unterschiedlichen Erscheinungsformen der Blätter werden maßgeblich von der Umgebung geprägt, in der sie ihre Funktion für die jeweilige Pflanzenart erfüllen sollen. Ganz zu Beginn stehen allerdings die genetischen Vorgaben, die sich im Laufe der frühen Entwicklungsgeschichte ausgeprägt haben.

VERSCHIEDENE KLASSEN – VERSCHIEDENE BLÄTTER

Ehe Blütenpflanzen die Erde eroberten, gab es bereits sporenbildende Arten wie die heutigen Farne. Diese können sich nicht sexuell vermehren und bilden zu ihrer Fortpflanzung keine Blüten aus. Stattdessen sitzen an der Unterseite der fruchtbaren Wedel Sporen. Ihr Erscheinungsbild wird also allein von den Blättern geprägt, die ihnen enormen Schmuckwert verleihen.

Weitere botanische Urgestalten sind die Koniferen. Bei ihnen dominieren die typischen, nadel- oder häufig auch schuppenartigen Blätter, die meist immergrün sind und für den Garten einen wertvollen Winterschmuck darstellen. Zusammen mit den Farnen gehören sie daher in der Gartengestaltung zur Grundausstattung strukturbildender Pflanzen.

Die große Mehrheit der Gartenpflanzen gehört jedoch zu den Blütenpflanzen. Diese unterscheidet man in einkeimblättrige (Monokotyledonen) und **zweikeimblättrige Arten** (Dikotyledonen). Bei den Letztgenannten schiebt sich nach der Keimung ein Sämling aus der Erde, mit einem gegenständigen Paar von Blättern, die sich in dieser Ausgangsform alle ähneln. Bei den **Einkeimblättrigen** hingegen zeigt sich in charakteristischer Weise lediglich ein einzelnes aufrechtes, längliches Keimblatt.

Auch wenn sich in der weiteren Entwicklung die Blätter weiter differenzieren, bleibt der Unterschied der beiden Klassen erkennbar: Während die Blätter der zweikeimblättrigen Arten mehr oder weniger deutlich von einem sich verzweigenden Netz aus Adern durchzogen werden, verlaufen auf den meist schmalen, länglichen Blättern der Einkeimblättrigen die Adern stets parallel. Bei den Gräsern ist dies deutlich sichtbar, ebenso bei den Liliengewächsen wie Iris oder Lauch, und selbst noch bei Arten wie Banane oder Indischem Blumenrohr, deren Blätter breiter sind, kann man die Parallelnervatur gut beobachten. Riemen- oder bandförmige Blätter sind deshalb vorwiegend solch einkeimblättrigen Arten vorbehalten.

Was ist Haptik?

Unter den haptischen Eigenschaften versteht man alle Attribute, die sich mit dem Tastsinn erfassen lassen – also Größe, Kontur und Oberflächenstruktur des jeweiligen Gewebes. Der parallele oder verzweigte Verlauf der Blattadern beispielsweise ist ein Aspekt davon.

BLATTFORMEN – FACHGERECHT BENANNT

Unter den klassischen zweikeimblättrigen Arten gibt es eine Fülle an Spielarten von Blattformen ▶ hintere Klappe. Aus der ursprünglich eiförmigen bis länglich-lanzettlichen Grundform solcher Keimblätter hat sich ein Reichtum an Erscheinungsformen entwickelt, der bei genauer Betrachtung unsere Sinne anregt und mit dem wir im Garten so reiz- und stimmungsvolle Bilder gestalten können – auch ohne Mitwirkung der meist nur kurzzeitig erscheinenden Blüten.

Die faszinierende Vielfalt entsteht durch Variationen der Größe, des Umrisses und der Gliederung der Blattfläche. Unterschiedliche Ausprägungen des Rands sowie der Oberflächen kommen hinzu.

Grundsätzlich unterscheidet man einfache und zusammengesetzte Blätter: Bei einfachen ist die Blattfläche ungeteilt, der Rand kann dabei unterschiedlich ausgeprägt sein. Der Fachmann spricht von **rundlich gekerbt**, wenn runde Ausbuchtungen in spitzem Winkel aufeinanderstoßen (z. B. *Sedum*). Reihen sich spitze „Sägezähne" in spitzem Winkel aneinander, handelt es sich um ein **gesägtes** oder gar doppelt gesägtes Blatt (z. B. Minze). **Gezähnte** Blätter weisen spitze Vorsprünge und runde Buchten auf (z. B. Berberitze). Mitunter trägt der Blattrand sogar **Stacheln** (z. B. Agave).

Ist die Blattfläche mehr oder weniger stark eingeschnitten, wie beim Echten oder Wilden Wein, so sprechen wir von einer **gelappten** Form. Derart regelmäßig gelapptes Laub ist auch bei Ahorn oder Efeu zu sehen. Fallen die Einschnitte sehr tief aus, dann unterteilen sie quasi die Blattfläche; man spricht dann von fiederspaltigem oder **fiederteiligem** Laub. Bei **handförmig geteilten** Blättern sind alle Einschnitte zum Grund der Blattspreite hin ausgerichtet (z. B. Wiesen-Storchschnabel). Blätter mit sehr tiefen Einschnitten, die fast bis an die Basis des Blattes heranreichen, bezeichnet man als **geschlitzt** (z. B. *Acer palmatum* 'Dissectum').

Bei zusammengesetzten Blättern – sogenannten Fiederblättern – besteht die Blattfläche aus mehreren selbstständigen, voneinander getrennten Einzelblättern (Fiedern), die jedoch an einer gemeinsamen Blattspindel sitzen. Als typisches Beispiel hierfür gelten die Farne. Auch bei Rose, Pfingstrose, Astilbe, Himmelsleiter oder Esche ist das Blatt **gefiedert**, teils sogar einzeln gestielt. Das untrügliche Erkennungsmerkmal dieses Blatttyps: Um ein zusammengehöriges Fiederblatt handelt es sich, wenn alle Einzelblätter einer einzigen Knospe entspringen.

UNTERSCHIEDLICHE OBERFLÄCHEN

Derbe und **ledrige** Blätter signalisieren eine besondere Widerstandsfähigkeit. Zweckmäßigerweise trifft man sie häufig bei immer- oder wintergrünen Arten an, wie Christrosen, Skimmie und Palmen. Denn bei diesen muss das Laub lange und widrige Zeiträume überdauern, einschließlich der Winterwitterung.

Zahlreiche Pflanzen, z. B. Aukube, Kirschlorbeer, Buchs, Stechpalme und Bergenie, besitzen eine **glatt glänzende** Oberfläche, die durch eine Wachsschicht hervorgerufen wird. Diese schützt die Blätter vor der Witterung und verringert die Verdunstung, was vor allem an sonnig-heißen Standorten von Vorteil ist. Das vom Wachs reflektierte Licht lässt das Grün der Blätter dabei häufig besonders kräftig erscheinen, kann aber auch eine Sonderfärbung betonen. Unter anderem bei den Kupfer- und Bronzetönen geht von den Blättern manchmal ein seltsam metallischer Schimmer aus (z. B. Elfenblume, Taubnessel, *Cyclamen*). Auch der Eindruck von silbergrau gefärbtem Laub entsteht in vielen Fällen durch eine Wachsschicht. Einige Wolfsmilch-Arten (*Euphorbia*) etwa sind von einer dekorativen, mattgrauen Wachsschicht überzogen.

An dieser Stelle wollen wir die **fleischigen Blätter** nicht unerwähnt lassen. Auch wenn in unseren Breiten kaum Kakteen gedeihen und wir uns auf heimische *Sedum*- und *Sempervivum*-Arten beschränken müssen: Die sukkulenten, häufig ebenfalls mit einer Wachsschicht überzogenen Pflanzen üben zweifellos eine gewisse Faszination aus. Die nicht winterharten Echeverien werden gerne in der Gestaltung eingesetzt, weil deren Rosetten eine sehr „architektonische" Wirkung besitzen.

Eine weitere Variante: Bei zahlreichen Pflanzenarten ist die **Blattunterseite** anders gefärbt als die Oberseite, in der Regel blasser. Bei der Bergenie beispielsweise weist sie eine purpurne Tönung auf. Zudem wird häufig die Aderung an der Unterseite deutlicher sichtbar. Wenn die Pflanzen hoch genug sind oder auch der Wind unter die Blätter bläst, wird also mitunter ein attraktiver Kontrast zur oberen Blattspreite sichtbar.

FÜHLBARE UNTERSCHIEDE

Ausgeprägte **Blattrippen** wie bei Kopfkohl und der Funkie *Hosta sieboldiana* sind häufig Auslöser für interessante Licht- und Schattenspiele, die in markanter Weise die Textur prägen. Bei manchen Sorten erscheinen die Adern dekorativ gefärbt, z. B. beim Italienischen Aronstab (*Arum italicum*) oder beim Blumenrohr *Canna* 'Striata'.

Gekräuselte Blätter wirken wie eine Laune der Natur, bei der man sich nicht sicher sein kann, ob sie heiterem Übermut oder einer kränklichen Vorbelastung entsprang. Bei den Zierpflanzen tragen solche Sorten die Bezeichnung „Crispum" oder „Undulata". Attraktive Beispiele wie den Grünkohl oder die Krausblättrige Petersilie finden wir unter anderem im Nutzgarten.

Auch eine **Behaarung** dient dem Schutz, und zwar vor Wind- und Sonneneinwirkung. Mithilfe unserer Sinne unterscheiden wir zwischen samtig-seidiger (Königskerze, Pfefferminz-Pelargonie), wollig-filziger (Woll-Ziest, Silberblatt-Salbei) oder borstiger Behaarung (Raublattgewächse wie Beinwell).

Auch das sind Blätter

Beim Japanischen (*Cornus kousa*) und beim Amerikanischen Blumen-Hartriegel (*C. florida*) sowie bei den Aronstabgewächsen sind einige Blätter so groß und auffällig gefärbt, dass man sie zunächst für Blütenblätter hält. Diese Scheinblüten sind gegenüber den echten sogar im Vorteil, weil sie länger halten.

FARBSPIEL IN GRÜN

Die grüne Grundfarbe der Blätter ist dem Chlorophyll geschuldet. Doch diese Kolorierung erscheint keineswegs völlig einheitlich. Im Laufe der Pflanzenentwicklung zeichnet sich das Spektrum ab: Beim Austrieb im Frühling herrschen frische Grüntöne vor, die zwischen gelblichen bis rötlichen Schattierungen spielen. Im Herbst brechen viele andere Farbtöne mit besonderer Leuchtkraft durch.

Anhand dieser Möglichkeiten haben sich – teils ganz natürlich, teils unter Einfluss des Menschen – zahlreiche Spielarten in der Farbgebung entwickelt. Teilweise schmückt sich dabei das Laub schon während der Wachstumssaison mit abweichenden Farben aus diesem Bereich. **Panaschierungen** und andere „Verzierungen" erregen unsere Aufmerksamkeit. Wenn wir solche geometrisch-regelmäßig oder chaotisch-lustig gemusterten Blattschönheiten entdecken, rufen sie oft spontane Begeisterung hervor. Dabei ist der Effekt im Grunde meist auf Pigmentfehler zurückzuführen – häufig von Viren verursacht: Es mangelt also an dem Farbstoff, der zur Photosynthese benötigt wird. Entsprechend bleiben die betroffenen Pflanzen oft etwas schwächer im Wachstum. Und weil sich die Blattzeichnung nur durch Stecklingsvermehrung zuverlässig an die nächste Generation vererben lässt, weckt sie unseren gärtnerischen Ehrgeiz in besonderem Maße.

DUFTENDES LAUB

Zuletzt soll noch eine Eigenschaft angesprochen werden, die nicht ins Auge fällt und dennoch für die Gartengestaltung interessant ist: der Duft mancher Blätter. Im Gegensatz zu den Blüten bleibt das Aroma im Laub während der gesamten Saison erhalten.

Für die Verwendung solcher Pflanzen ist wichtig, dass das Laub seine ätherischen Öle nur zum geringeren Teil frei verströmt, sondern bevorzugt bei Kontakt freigibt. Deswegen pflanzt man Kräuter wie Salbei, Weinraute, Melisse oder Heiligenkraut (*Santolina*) gerne an den Wegesrand, sodass der Vorübergehende unweigerlich einen Hauch ihres Buketts mit sich nimmt. Wer will, kann sich auch ganz gezielt eine „Handvoll Aroma" holen, indem er mit den Händen über das Blattwerk streift.

Im durchscheinenden Licht werden verschiedene Eigenschaften und Strukturen dieses Salbeiblatts sichtbar.

Die Erscheinungsformen des Laubs im Jahreslauf

Dass es in einem Garten nie langweilig wird, ist auch dem Laub zu verdanken. Denn das wechselnde Erscheinungsbild der Blätter spiegelt den Verlauf der Jahreszeiten deutlich wider. Blattschmuckpflanzen spielen eine wesentliche Rolle, damit der Garten das ganze Jahr über einen attraktiven, lebendigen Anblick bietet.

FRÜHLING – ZEIT DER ENTFALTUNG

Nach den grauen Monaten des Winters erfüllt das Laub eine für unser Gemüt wertvolle Aufgabe: Wenn sich die Blätter mit den jungen Trieben aus dem Boden schieben, wenn die Farne kunstvoll ihre Wedel ausrollen oder die Laubknospen eines Gehölzes aufspringen, beseelen sie den zuvor nackten und kahlen Garten unverhofft wieder mit ihrem frischen Grün. Das Leben entfaltet sich erneut!

Bei diesen jungen Blättern herrschen vor allem zarte Töne vor, was sich am besten bei vielen Immergrünen beobachten lässt, wo sich die jungen Austriebe durch das dunklere alte Laub schieben. Einige Arten offerieren dabei aber auch schon auffällige Farbphänomene. Die Blätter mancher Elfenblumen-Sorte beispielsweise sind zu diesem Zeitpunkt bronze- oder rosafarben überlaufen, während Pfingstrosen mit einem intensiv roten Austrieb überraschen. Auch die von Haus aus rotblättrigen Sorten des Purpurglöckchens z. B. zeigen oft gerade zu Beginn eine ausgesprochen kräftige Färbung.

Schon das Entrollen eines Farnwedels (*Polystichum*) gibt ein faszinierendes Schauspiel.

ÜPPIGES SOMMERSCHAUSPIEL

Im Sommer ist der ganze Garten grün – zumindest wenn er nicht unter einer Dürreperiode leidet. Das Laubwerk steht so dicht, dass es vom Auge vielfach als geschlossene Fläche wahrgenommen wird. Nacheinander öffnen sich die Blüten der verschiedenen Pflanzenarten und geben vor diesem grünen Vorhang ihre oftmals spektakuläre Vorstellung. Diese mehr oder weniger horizontalen grünen Teppiche werden gerne durch kletternde Arten ergänzt, die an einem Spalier als Sichtschutz sowie an einer Laube oder Pergola als Schattierung fungieren.

Natürlich ist dies auch die Zeit, da die allermeisten Blattschmuckpflanzen ihre stattlichste Entwicklungsstufe erreichen. Farne, Schau- und Mammutblatt, Gräser und Bambus zeigen sich in voller Pracht und Größe und füllen das gewünschte Gartenbild in opulenter Weise aus.

HERBSTLICHES FARBENSPIEL

Kurz vor dem Ende der Gartensaison „blüht" das Laub nochmals auf, insbesondere bei vielen Gehölzen. Durch den Rückzug der Speicherstoffe in das überdauernde hölzerne Gerüst kommen zuvor überdeckte, warme und feurige Farbtöne zum Vorschein. Es gehört wohl zu den schönsten Wochen im Jahr, wenn im Garten der Fächer-Ahorn in Gelb und der Wilde Wein in kräftigem Rot aufleuchten, während in der Natur ganze Landschaften in flammenden Farben aufgehen („Indian Summer").

Im Rahmen der genannten Rückzugsprozesse durchlaufen die Blätter mehrere Farbstufen, bis sie schließlich braun werden, absterben und abfallen. Wenn man gezielt Pflanzen mit schöner Herbstfärbung verwendet, lassen sich zum Abschluss der Gartensaison noch einmal prächtige Gartenbilder genießen.

Unter den Gehölzen findet man bei mehreren Ahorn-, Hartriegel- und Schneeball-Arten ein prächtiges Farbenspiel, ebenso bei manchen Zierkirschen, der Zaubernuss, dem Katsura- (*Cercidiphyllum*) und dem Amberbaum (*Liquidambar*).

Wie Pflanzen den Winter überstehen

Die bei uns heimischen Pflanzen sind in der Mehrzahl winterhart. Man unterscheidet dabei zwischen Gehölzen, deren holziges Gerüst oberhalb des Erdbodens den kalten Temperaturen widersteht, und Stauden, die ihre Lebenskräfte in der Regel in den Wurzelstock zurückziehen. Die Wurzeln verfügen über ausreichend Schutz und Winterhärte, um die kalten Monate bei uns zu überleben und im nächsten Jahr wieder auszutreiben.

Darüber hinaus gibt es zahlreiche Arten, welche die winterliche Kälteperiode nicht überstehen. Bei den heimischen Sommerblumen ist diese Eigenschaft genetisch angelegt, sie müssen sich jährlich aus Samen erneuern. Andere Arten stammen aus wärmeren Regionen und überdauern unsere Winter bestenfalls, wenn man sie während dieser Zeit unter Abdeckungen oder in beheizten Räumen vor extremen Temperaturen schützt.

Natürlich geht das Schauspiel auch am Staudenbeet nicht vorüber: Die Blätter der Funkien leuchten vor allem in Gelb, während verschiedene Wolfsmilch-Arten zwischen goldenen, orangefarbenen und rötlichen Tönen changieren. Bei Sorten des Chinaschilfs und der Rutenhirse (*Panicum virgatum*) färben sich die Halme in kräftigem Rot, auch die großen Blatt-„Ohren" der Bergenien sorgen für attraktive rote Farbtupfer. Beim Tafelblatt (*Astilboides tabularis*) wiederum hinterbleiben zwischen einem Netz aus grünen Adern kräftige Brauntöne.

Das am Boden liegende Laub macht uns Gärtnern dann einige Arbeit, kann aber ökologisch sinnvoll zu Kompost verarbeitet oder als vor extremer Kälte schützende Bodendecke eingesetzt werden.

AUGENTROST IM WINTER: IMMERGRÜNE

Der Wert einer Sache lässt sich oft erst bemessen, wenn sie fehlt. Ähnlich verhält es sich mit dem Laub, das im Sommerhalbjahr so selbstverständlich die Pflanzen einhüllt. Erst wenn es eingezogen oder abgeworfen ist, fällt uns schmerzlich auf, welche Bedeutung und wohltuende Wirkung das grüne Kleid für das Gartenbild hatte.

Im Gegensatz zum verholzenden Gerüst von Trieben und Wurzeln haben Blätter nämlich nur eine beschränkte Lebenszeit. Beim Großteil der winterharten heimischen Arten „zieht das Laub (in die Wurzeln) ein" oder wird gänzlich abgeworfen. So gelingt es den ausdauernden Pflanzen, niedrige Temperaturen oder auch Trockenheitsperioden zu überleben. Man spricht hier von sommergrünen Arten.

Unmerklicher Wechsel des Laubkleids

Den wenigen Ausnahmen, die nicht im Winter entblättert sind, kommt eine zentrale Rolle zu. Sie trösten im ansonsten kahlen Garten – unabhängig von der jeweiligen Form oder Farbe – mit ihrem ausdauernden Laubkleid und dessen erfrischender Farbe unser Auge.

Auch bei den sogenannten **Immergrünen** – die meisten werden als Erstes an Nadelgehölze denken – unterliegen die Blätter einer steten Erneuerung. Doch in solchen Fällen können sie mehrere Winter überdauern und werden erst nach etwa drei bis fünf Jahren, schrittweise und fast unmerklich, von neuen Laubknospen abgelöst.

Bei den Stauden gibt es ähnliche Phänomene, z. B. bei Bergenie oder Hirschzungenfarn. Hier handelt es sich genau genommen meist um **wintergrüne** Arten, bei denen die Blätter zwar die kalte Jahreszeit überdauern, aber dann im Frühjahr einziehen und vom Neuaustrieb ersetzt werden. Für den unbedarften Beobachter entsteht auch hier der Eindruck einer dauerhaft belaubten Pflanze.

Bodendecker wie das panaschierte *Vinca major* bilden ganzjährig einen lebendigen Teppich.

Der immergrüne Garten

Es lohnt sich, bei der Gestaltung jeweils einige immer- oder wintergrüne Gewächse vorzusehen. Dies muss keinesfalls monoton wirken – immergrüne Gärten bestehen nicht nur aus Koniferenhecken und Rasenflächen. Es steht eine Vielzahl attraktiver Arten zur Verfügung, die mit nahezu jedem Standort zurechtkommen und pflegeleicht sind.

Sowohl in voller Sonne als auch im Schatten gelingen abwechslungsreiche Kombinationen mit ihresgleichen sowie mit Blütenpflanzen. Beliebte Begleitpflanzen sind Bergenien, Kriechender Günsel (*Ajuga*) und Purpurglöckchen (*Heuchera*). Für die Unterpflanzung von Gehölzen eignen sich Farne besonders gut. Doch auch Immergrün (*Vinca minor*), Dickmännchen (*Pachysandra terminalis*) oder Goldnessel (*Lamiastrum*) lassen sich in schattigen Lagen hervorragend als immergrüne Bodendecker einsetzen.

Ein ganz eigenes Sortiment steht für die sandig-sauren Bodenverhältnisse eines Heidegartens zur Auswahl. Neben den namensgebenden Halbsträuchern geben hier Gehölze wie Rhododendron oder Lavendelheide (*Pieris*) den Ton an.

Immergrün – und doch nicht nur grün

Auch unter den Immergrünen finden sich verschiedenen Blattformen und -texturen, unterschiedliche Grüntöne sowie andere Laubfärbungen. Den früher allgegenwärtigen, in den letzten Jahren jedoch durch Schädlinge bedrohten Buchs gibt es in allerlei Wuchsgrößen und -formen, aber auch Farben. 'Latifolia Maculata' beispielsweise zieht mit gelb gesprenkelten Blättern die Blicke auf sich. Gräser wie der Blau-Schwingel bringen blaugrüne Töne ins Bild. Frischgrüner Bambus bildet einen belebenden Hintergrund.

Es geht auch ohne Blätter

Die Effekte von Reif und Frost sind nicht das alleinige Vorrecht von Gräsern: Sie setzen sich auch auf Fruchtständen, auf toten Staudenstängeln sowie auf dem nackten Geäst von Gehölzen nieder und malen ihre anmutigen Bilder.
Sogar das Zweiggerüst selbst kann durch seine grafische Struktur oder seine attraktive Oberfläche im Winter zu dieser Jahreszeit in den Vordergrund treten. Prädestiniert dafür sind Arten mit einem dichten Zweigsystem wie manche Arten der Felsenmispeln (*Cotoneaster*) oder auch Formschnittgehölze. Die Reihen niedriger Einfassungshecken oder Kugeln lassen sogar noch unter einer Schneedecke originelle Konturen erahnen.

Weiß- und gelbbunte oder sogar reingelbe Sorten unter den immergrünen Laubgehölzen bringen Farbe ins ansonsten eher trübe winterliche Gartenbild. Vom Spindelstrauch (*Euonymus fortunei*) beispielsweise gibt es mehrere attraktive blattbunte Spielarten, die bekanntesten sind 'Emerald Gaiety' (weißbunt) oder 'Emerald'n Gold' (gelbbunt). Beim Efeu gibt es sogar ein riesiges Sortiment an Blattzeichnungen und -formen. Mit diesen beiden Arten lassen sich kleinere Wände, bevorzugt in schattigen Lagen, dauerhaft und dennoch abwechslungsreich begrünen. Für eher sonnige und geschützte Lagen eignet sich eine buntlaubige Stechpalme wie *Ilex × altaclarensis* 'Golden King' oder der Gold-Liguster (*Ligustrum ovalifolium* 'Aureum').

Unter den Nadelgehölzen erweitern Sorten mit dunkelgrüner (Eiben), gelblicher (z. B. *Chamaecyparis pisifera* 'Sungold') oder bläulicher (Blaue Atlas-Zeder) Benadelung das winterliche Farbspektrum. Da diese Koniferen oft rasch wachsen, empfiehlt es sich, bei begrenzten Platzverhältnissen schwachwüchsige Sorten zu bevorzugen. Von den dunkellaubigen Nadelgehölzen sollten Sie allerdings nicht zu viele im Garten verwenden, denn sie verbreiten leicht eine eher düstere und statische Atmosphäre.

Der Frost als Gestaltungselement

Es müssen nicht unbedingt besondere Farben sein, die ins Auge fallen: Die Blätter der immer- und wintergrünen Arten werden im Zusammenspiel mit Frost und Reif optisch veredelt, vor allem großblättrige wie der Kirschlorbeer. Die wintergrünen, grazilen Wedel von Farnen wie beispielsweise dem Schildfarn (*Polystichum setiferum*) lassen auf diese Weise bezaubernde Bilder entstehen.

Grazil und anmutig wirken die bereiften Horste und Halme der wintergrünen Gräser. Allein deshalb lohnt es sich, nicht den ersten Säuberungsimpulsen nachzugeben und die abgestorbenen Grashorste noch vor Winterbeginn „ordentlich" zurückzuschneiden. Durch ihre Größe fallen die großen Horste von Chinaschilf oder Pampasgras besonders auf, aber auch die Horste von Lampenputzer- oder Silberährengras, um nur zwei bewährte Beispiele zu nennen, können unter dem Schmuck der Eiskristalle äußerst dekorativ wirken. Unter Massen von nassem Schnee dagegen kann der schönste Gräserhorst keine gute Figur abgeben. Vorbeugend hilft es, wenn man den Horst oben zu einem Schopf zusammenbindet, der Kälte und Schnee nach außen abrutschen lässt.

Selbst verbräunte Blätter muss man nicht unbedingt entfernen: Auf ihnen liegt oft ein märchenhafter Zauber, wenn sie am Morgen nach einer Frostnacht mit Reif benetzt sind. Sobald dann noch die Sonne scheint, werden die Umrisse der Blätter für wenige Stunden von glitzernden Eiskristallen verziert.

Exoten brauchen Schutz

Auch einige Exoten tropischer oder subtropischer Herkunft, die wir als Kübelpflanzen kultivieren, behalten ihre Blätter. Dies tun sie bei uns allerdings nur, wenn sie im Wintergarten oder in einem anderen, ausreichend warmen und hellen Raum untergebracht sind. Andernfalls würden sie nicht nur ihr Laub, sondern ihre kompletten Lebensgeister verlieren. Zu hohe Temperaturen wie im Zimmer sind jedoch meist ebenfalls nicht wünschenswert – diese würden zahlreiche Schwächeparasiten an die winterlichen Triebe locken.

Es lohnt sich in der Regel nur bei außergewöhnlichen Pflanzenschönheiten, diesen Aufwand zu treiben. Dies trifft z. B. auf Bananen, Palmen und ähnliche Blattschmuckpflanzen zu, deren Laub eine exotische Atmosphäre erzeugen kann.

Der Reif verleiht immergrünem Laub, hier einer Stechpalme, eine zusätzliche Zierde.

Das Spektrum der Blattfarben

Blüten sind beileibe nicht die einzigen Pflanzenorgane, mit denen sich Farbe in den Garten bringen lässt. Auch Blätter gibt es in unterschiedlichsten Farbtönen; sogar mehrfarbig gemusterte Sorten stehen zur Auswahl. Besonders attraktiv sind zudem manche Herbstfärbungen.

Grün ist nicht gleich Grün

Man glaubt es kaum, aber das Grün der Blätter kann alle denkbaren Schattierungen durchlaufen. Und entsprechend ist dann auch die Wirkung im Garten sehr unterschiedlich. Versuchen Sie doch einmal, diese Nuancen bewusst wahrzunehmen.

Zwar mag sich eine Großzahl der Pflanzen in einen mittleren Grünton kleiden, abweichend davon zeichnen sich Eiben, Buchs, Kirschlorbeer und Haselwurz beispielsweise oder die Funkie *Hosta lancifolia* durch ein tiefdunkles Grün aus. Die zahlreichen Sorten von Minze oder Elfenblume gibt es jeweils in unterschiedlichen Grüntönen. Der Mauerpfeffer *Sedum album* 'Chloroticum' bildet flache Polster aus hellgrünen Blättern. Die Wachsglocke (*Kirengeshoma*) bringt mit ihrem zarten Grün freundliches Licht in dunkle Gartenecken, und auch viele andere Arten wie Frauenmantel, Farne oder Bambus sowie Sorten von Efeu ('Duckfoot'), China-Wacholder ('Mint Julep') oder Fächer-Ahorn ('Dissectum Viride') behalten den ganzen Sommer über ein frühlingshaftes, helles Grün und verbreiten damit eine ansteckende Frische.

Das frischgrüne Laub dieses Schirmbambus verbreitet den ganzen Sommer über eine vitale Atmosphäre.

NICHT IMMER DASSELBE IN GRÜN

Pflanzenzüchter haben sich – unter Nutzung so mancher Laune der Natur – viel Mühe gegeben, das Laub zahlreicher Pflanzensorten mit abweichenden Grundfärbungen auszustatten. Sogar nahezu schwarze Töne kommen vor.

Sonniges Laub

Der Übergang von hellgrünen über die gelblichen bis hin zu gold- und zitronengelben Blattfarben, die jeweils vom Farbstoff Lutein erzeugt werden, ist fließend. Gelblaubige Sorten gibt es sogar von Großbäumen wie Ahorn, Buche und Eiche. Während hell- bis schwefelgelbes Laub fast grell aus der pflanzlichen Umgebung hervorleuchtet, erzeugen wärmere, in Richtung Gold („Aurea“, „Aureum“) oder Bronze gehende Töne eine eher zurückhaltende Stimmung.

Unabhängig von der gestalterischen Wirkung sollte man sich klarmachen, dass eine Vergilbung der Blattfarbe ursprünglich einen Mangel an Nährstoffen signalisiert und daher, auch unbewusst, häufig mit einem Krankheitssymptom gleichgesetzt wird. Tatsächlich vertragen gelblaubige Sorten oftmals die pralle Besonnung schlechter oder sind weniger wüchsig als die voll ergrünte Ausgangsart.

Belebend oder beruhigend

Grün gilt als die Farbe des Lebens, sie vermittelt eine Atmosphäre der Vitalität. Insbesondere, wenn das erste Laub im Frühjahr hervorsprießt, kann man das förmlich spüren – die ganze Natur scheint freudig erregt zu vibrieren. Gleichzeitig kann Grün sehr beruhigend wirken, z. B. in Form eines einheitlichen, gepflegten Rasenteppichs. Gerade im Vergleich mit den unruhigen Farben und Gestalten eines bunten Blumenbeets oder im Umfeld verschiedenster baulicher Elemente wie Wegen, Pergolen, Geräteschuppen, Garagen und Wohnhaus wirkt eine solche Fläche äußerst wohltuend.

Adern, Ränder und die Flächen dazwischen können unterschiedlich gefärbt sein (*Heucherella* ‘Pink Whispers’).

Hinsichtlich der Wirkung und der Kombinierbarkeit lässt sich diese Gruppe um solche Sorten erweitern, deren Blätter gelblich oder cremefarben gemustert sind ▶ Seite 140.

Warme metallische Töne

Vom Gelb kommen wir in fließenden Übergängen in den Rotbereich. Hier sind die warmen Herbstfarben zuhause, verursacht von Anthocyanen, die bei ganzjährigem Erscheinen besondere Aufmerksamkeit erregen und sich recht dankbar kombinieren lassen. Die feurigen Orangefarben erleben wir während des Jahreslaufs großteils als etwas abgetönte Bronze- und Kupferschattierungen, häufig mit einem metallischen Schimmer, manchmal auch leicht ins Braune gehend.

Purpurglanz und Blutformen

Wenn Laub ganzjährig rot ist, bewegt sich die Färbung in einem dunklen Bereich, der häufig als purpurn empfunden wird. Entsprechend ist bei den Sortennamen die Bezeichnung 'Purpurea' weitaus stärker verbreitet als 'Rubrum'.

Hier findet man, anders als im bronzefarbenen und bräunlichen Bereich, zahlreiche Gehölze, die im Garten großräumig ihre geheimnisvoll dunkle Atmosphäre verbreiten. Dazu gehören unter anderem die bekannten „Blut"-Sorten von Buche, Haselnuss, Pflaume usw. Darüber hinaus gibt es eine Großzahl dunkellaubiger Arten, z. B. vom Gold-Felberich, Faden-Knöterich, Ligularie, *Geranium* ▶ Seite 148. Solch dunkle Gestaltungselemente erscheinen für manchen Gestaltungszweck besonders interessant.

Faszinierendes Schwarz

Einige der Pflanzen, deren Laub das Licht besonders intensiv schluckt, werden sogar als „schwarzlaubig" bezeichnet, was unter Gartenfreunden als ebenso spektakulär gilt wie „schwarze Blüten". Genau genommen ist schwarz keine echte Farbe, sondern wie Weiß am anderen Ende des Spektrums eine „Nicht-Farbe". In der Regel handelt es sich jedoch bei Pflanzen nicht um ein tiefes Schwarz – die Sonnenstrahlen lassen rote, purpurne, violette oder braune Töne durchscheinen. Beispiele dafür sind *Perilla, Heuchera* 'Obsidian' oder der Perückenstrauch 'Royal Purple'. Die beliebte dunkellaubige Sorte des Schlangenbarts (*Ophiopogon*) heißt 'Niger' (lat. *niger* = schwarz). Sogar einige Farnsorten (z. B. *Athyrium niponicum* 'Burgundy Lace') enthalten nahezu schwarze Töne.

Fast schwarz erscheinen die Blätter von *Ageratina altissima* 'Chocolate' teilweise.

Mit derlei Spezialitäten lassen sich interessante Akzente setzen. In größerem Umfang eingesetzt kann allerdings eine eher düstere Atmosphäre entstehen.

Silbrig oder blau schimmerndes Grau

Wie bei Schwarz und Weiß fehlen beim Grau die eigentlich farbigen (bunten) Wellenlängen, es ist nur eine Zwischenstufe dieser beiden „Zustände". Daher nimmt Grau auch im Spektrum der Pflanzenfarben eine ganz eigene Stellung ein.

Es beginnt schon mit der Entstehung dieser Farbe: Während bei anderen Blatt- oder Blütenfärbungen zumeist ein Pigment dafür verantwortlich ist, entstehen Grautöne meist durch eine veränderte Struktur an der Blattoberfläche.

Vielfältige Ursachen

Als silbrig oder grau erscheinen Blätter beispielsweise durch eine Behaarung oder eine Wachsschicht. Beides hat die Funktion, das Blatt gegen direkte Besonnung und damit vor zu raschem Austrocknen zu schützen. Daher kann es auch nicht wundern, dass solche Pflanzen meist einen vollsonnigen Standort gewohnt sind.

Es gibt auch silbrige Phänomene in schattigen Bereichen, aber hier kommen sie durch Lufteinschlüsse unter der Epidermis (Pflanzenhaut) zustande, wie beim Lungenkraut (*Pulmonaria*) oder bei *Arum italicum* 'Pictum'. Dadurch bricht sich das Licht, bevor es auf das eingeschlossene Chlorophyll triff, und lässt den silbrigen Schimmer entstehen.

Manche Gräser glänzen aufgrund ihrer Bereifung silbern in der Sonne. Eine wachsartige Beschichtung findet man auch oft auf den Nadeln und Schuppen von Koniferen. Bei der Schmalblättrigen Ölweide (*Elaeagnus angustifolia*) entstehen durch Bereifung bzw. Beschuppung auf Blattober- und -unterseite unterschiedliche Silbertöne. Bei fleischigen Blättern ist eine Wachsschicht sehr häufig, wie beispielsweise bei den Blattrosetten der Echeverien. Mit ihnen lässt sich ein relativ streng wirkender Rahmen formieren. Leider ist diese Art bei uns nicht winterhart.

Wenn die Haare grau werden …

Bei der Mehrzahl der grau erscheinenden Pflanzenblätter sind allerdings Haare für die optische Erscheinung verantwortlich, an denen sich das Licht bricht, wie man beim Woll-Ziest gut erkennen kann. Die Reflexion der oftmals seidigen Behaarung führt dazu, dass das eher triste Grau zu einem silbrigen Schimmer erhöht wird.

Arten mit derartigen Blättern werden daher oft nicht wegen ihrer Blüten gepflanzt, sondern vorrangig als Strukturpflanzen verwendet. Der silbrig-graue Schimmer wirkt im ansonsten grünen Beet „erfrischend" und kann so manche dunkle oder gar triste Pflanzung aufhellen.

Kleines blaues Wunder

Auch ein ins Blaue tönender Farbschimmer auf den Blättern entsteht in der Regel nicht durch Farbpigmente, sondern durch eine Bereifung oder Behaarung der Blattoberfläche, die die Strahlen des blauen und violetten Spektrums streut.

Die Wirkungen der Farben

Jede Farbe hat eine charakteristische Ausstrahlung, die jedoch individuell unterschiedlich wahrgenommen wird. Auf diese Weise beeinflussen Farben unsere Stimmungen, ja sogar unser Wohlbefinden. Daher ist es hilfreich, sich mit dem Charakter der Farben vertraut zu machen.

GRÜN UND GRAU WIRKEN VERBINDEND

Kräftige Blatt- oder Blütenfarben erzeugen eine lebhafte Atmosphäre im Beet. Damit sie dabei vollständig zur Wirkung kommen, bedürfen sie allerdings eines ruhigen Hintergrunds. Den bieten im Garten vorrangig die grünen Laubflächen.

Vor dem Hintergrund einer **einheitlich grünen** Hecke oder eines ebensolchen Bodendeckers können sich die bunten Kleckse nicht nur deutlich abheben; dem beruhigenden Blattgrün gelingt es zudem, gelben, blauen und rosafarbenen Blüten von Rosen, Prachtstauden oder Sommerblumen einen verbindenden Rahmen zu verleihen. Auf diese Weise gelingt es leichter, die verschiedenen Blütenfarben zu einem harmonischen Ganzen zu vereinen.

Gegen die Verdunklung

Helle Farben erzeugen generell ein freundlicheres Flair als dunkle. Und sie können eine Fläche optisch vergrößern sowie schattige Bereiche aufheitern. Je dunkler und schattiger ein Bereich, desto wichtiger ist es also, ihn mit hellen Farben aufzufrischen.

Graue Blätter (oder auch weiße Blüten) lassen sich in ähnlicher Weise einsetzen. Strukturpflanzen mit silbrig-grauem Laub lassen manche Blütenfarben kräftiger leuchten, und gleichzeitig dämpfen sie wohltuend allzu schreiende Töne. Es scheint fast, als nähmen sie einen Schleier der Komplementärfarbe an.

Warme Töne: Das rote Laub des Perückenstrauchs vor gelblich-grünem Hintergrund

Ton-in-Ton-Kombination: Dunkelrote Purpurglöckchen-Blätter und Azaleenblüten

KÜHLE UND WARME FARBEN

Der Farbsektor von **Blau bis Grün** strahlt eine kühle Eleganz aus, die beruhigend wirkt. Blätter und Blüten in diesen Schattierungen lassen sich gut miteinander kombinieren. Allerdings eignet sich blaues Laub weniger zur Harmonisierung umgebender Farben.

Im **gelb-roten Bereich** dominieren warme Töne. Rot gilt als die Farbe des Feuers, des Blutes und der Liebe, sie wirkt belebend und erregt Aufmerksamkeit. Gehölze mit dieser Laubfarbe wie der Perückenstrauch 'Royal Purple' erweisen sich mitunter als recht dominant. Die Farbe Gelb repräsentiert die Sonne, Freude und sprühenden Geist. Ihre stärkste Leuchtkraft entwickelt sie im lichten Halbschatten.

KONTRASTREICH ODER TON-IN-TON

Die stärksten Kontraste erzeugen die sogenannten **Komplementärfarben** – zwei Farben, die sich auf dem Farbkreis gegenüber liegen wie Gelb und Violett oder Orange und Blau. Unter diesem Vorzeichen fällt auf, dass grüne Blätter mit roten Blüten einen der kräftigsten Zweiklänge bilden.

Mit Blättern und Blüten in Farben, die auf dem Farbkreis nebeneinander liegen, lassen sich sogenannte **Ton-in-Ton-Pflanzungen** anlegen. Solche Farbverläufe zwischen verschiedenen Pflanzen wirken nie schrill, sondern elegant und äußerst harmonisch. Ihre Anmut lebt von den Nuancen zwischen satten und aufgehellten Schattierungen, wenn z. B. frisch- bis gold-grüne Grashorste aus einer vom Immergrün (*Vinca*) dunkel belaubten Fläche hervorragen.

Mehrfarbige Blattmuster

Flecken, Streifen, Marmorierung – mit Farbspielen können Blattschmuckpflanzen noch auffälliger werden. Es gibt diese Panaschierungen bei Gehölzen, Stauden und auch bei Kräutern. Die Züchter geben sich viel Mühe, immer neue Variationen hervorzubringen.

Die spaßigen Muster auf den Blättern aus kräftigem Grün und abgetönten, weißen oder gelblichen Zonen nennt man Panaschierung. Derartige Farbspiele sind im Grunde aus Pigmentfehlern entstanden, bei denen es am grünen Farbstoff Chlorophyll mangelt. Vielfach werden solche Effekte sogar durch Virusbefall verursacht. Folgerichtig wachsen derart „erkrankte" Pflanzen in der Regel auch schwächer als gesunde, voll begrünte Artgenossen.

Aus diesem Grund haben die panaschierten Varianten nicht nur Fans; manche Pflanzenfreunde lehnen solche Sorten unter Hinweis auf diesen Aspekt mangelnder Gesundheit ab. Vor allem in einem naturnahen Garten kann man solche Gestalten als deplatziert empfinden. Andererseits wirkt gemustertes Laub kaum weniger natürlich als eine auf große und lange Blüte gezüchtete Blume; bei zurückhaltender Verwendung kann es die Natürlichkeit einer Pflanzung sogar erhöhen.

Das mit einer solchen „Krankheit" einhergehende Erscheinungsbild lässt sich meist nur durch vegetative Vermehrung, also z. B. durch Stecklinge, an die nächste Generation weitergeben. Bei Samenvermehrung hingegen wird das entstandene Muster „verwischt" oder verschwindet vollständig. Zudem kann eine solche Zeichnung auch bei mangelnder Besonnung mit der Zeit verblassen.

STREIFEN, FLECKEN UND MARMORIERUNG

Der Züchtung ist es mittlerweile – zum Teil unter gezieltem Einsatz von Viren – bei zahlreichen Pflanzenarten gelungen, farbliche Spielarten hervorzubringen. Die Farbvariationen zeigen sich in Form von Streifen und Flecken, häufig am Blattrand, zwischen oder auch entlang der Aderung, oder als flächige Marmorierung.

Am häufigsten taucht bei diesen Sorten die Bezeichnung „Variegata" auf. „Marginata" umschreibt eine farblich abweichende Umrandung, „Zebrinus" eine zebraartige Streifung. Die Vorsilbe „Albo" beschreibt eine weiße Aufhellung, „Argenteo" einen silbernen und „Aureo" einen goldenen Schimmer. Jeder kennt Beispiele für derartige Zeichnungen. Wir finden sie auf zahlreichen Sorten einer der beliebtesten Blattschmuckpflanzen, der Funkie, sowie bei etlichen Gräsern; durch

Harmlosere Variante des Gierschs

Wer mutig ist, pflanzt sich den Giersch (*Aegopodium podagraria*) selbst in den Garten: Die weißbunte Sorte 'Variegata' wächst unter denselben Bedingungen wie das gefürchtete Unkraut, bildet allerdings weniger Ausläufer – und sieht natürlich interessanter aus.

aufgehellte Streifen werden deren elegante Blätter in besonderer Weise betont.

Auch das Laub einiger Sorten von Hartriegel-Sträuchern oder von Klettergehölzen wie Efeu und Spindelstrauch weist solche Zeichnungen auf. Kräuter wie Oregano, Salbei, Thymian und Melisse bieten sich geradezu an, weil das Laub schon wegen ihrer Nutzung im Vordergrund steht. Und natürlich werden wir auch bei den Beet- und Balkonpflanzen fündig. Hier zeichnen sich die Buntnesseln durch ein besonders reiches Spektrum an Farben und Mustern aus.

AUCH ZEICHNUNGEN UNTERSCHEIDEN SICH IN WARM UND KÜHL

Eine gelungene Aufhellung verleiht Pflanze und Umgebung vor allem in schattigen Bereichen eine besondere Leuchtkraft. Hinsichtlich der gestalterischen Verwendung ist jedoch die Form der Zeichnung von geringerer Bedeutung als der jeweils abweichende Farbton: Weißbunt gemusterte Blätter wirken relativ kühl und sollten auch entsprechend kombiniert werden. Ähnlich verhält es sich mit einer silbrig schimmernden Blattzeichnung. Eine Aufhellung in Creme- und Gelbtönen wirkt dagegen sonnig und warm, das sollte bei Pflanzkombinationen entsprechend beachtet werden. Dasselbe gilt für Sorten mit bräunlichen Zeichnungen. Panaschierungen in Creme und Gelb treten häufiger auf als die reinweißen.

Selbstverständlich gibt es über die beschriebenen Arten hinaus noch unzählige weitere panaschierte Sorten, z. B. bei den polsterartigen Gattungen *Arabis, Aubrieta* und *Saxifraga* oder bei Beetstauden wie Phlox, Gelenkblume, Himmelsleiter und Salomonssiegel.

MANCHE MÖGEN'S BUNT

Etwas seltener tauchen braune, rötliche oder rosafarbene Verfärbungen auf. Auch sie reichen von der Streifung (Salbei) über eine farblich betonte Aderung (Blut-Ampfer) bis hin zu verschieden großen Flecken (Schaumblüte). Manche Sorten weisen eine von Individuum zu Individuum unterschiedliche Färbung auf, wie die großen Blätter der Mangold-Mischung 'Bright Lights', oder sogar mehrfarbig bunte Blätter (Buntnessel). Pflanzen mit einer solchen Farbenvielfalt sind natürlich bevorzugt mit ruhigen, relativ einheitlichen Farbflächen zu kombinieren.

Buntnesseln tragen die Vielfalt an möglichen Farben schon im Namen.

Die Stars der blattbunten Szene

Die nachfolgend vorgestellten Gattungen beherbergen eine reiche Auswahl an blattbunten Arten und Sorten. Daher lassen sich einzelne Mitglieder dieser Gruppen in vielen unterschiedlichen Gartensituationen gestalterisch verwenden. Die Vielfalt an Sorten mit bunten Blättern hat sogar schon bei manchem Pflanzenfreund die Leidenschaft zum Sammeln geweckt.

Seggen

Die artenreiche Grasgattung der Seggen gibt es schon seit zig Millionen Jahren. Sie kommt nahezu überall auf der Welt vor, gehört zu den Sauergräsern und ist damit für Botaniker kein echtes Gras. Dem Gartenfreund aber, der malerische oder elegante Gräsergestalten schätzt, kann das egal sein.

Carex in verschiedenen Arten und Sorten

Farbe: verschiedene
Höhe: 25–120 cm
Halbschatten bis Schatten, vereinzelt auch sonnig
winter- bis immergrün

Eine unter vielen Schönheiten der Gattung *Carex* mit elegantem schmalem Laub: 'Evergold'

Carex-Arten mit ihrem breiten Spektrum an Grüntönen gehören heute zu den häufigsten Erscheinungen in allen Arten von Gärten, sogar Topfgärten. Ihr Markenzeichen sind Horste aus dreikantigen Halmen.

Von der **Japan-Segge** (*Carex morrowii*) z. B. gibt es unzählige interessante Farbabweichungen. Die weißbunte Sorte 'Variegata' wird bereits seit über 100 Jahren als Ziergras geführt. Ihre halbkugeligen, bis 40 cm hohen Horste beziehen ihren Schmuckwert aus den cremeweißen Rändern, die die breiten, dunkelgrünen Halme durchziehen und schattige Gartenbereiche erhellen; die Schwester 'Aureovariegata' dagegen ist goldrandig gestreift. Als Immergrüne schmücken sie dabei ganzjährig den Garten. Sehr ähnlich in Aussehen und Verwendung ist auch die Sorte 'Icedance'.

Die Weißbunte **Zwerg-Segge** (*Carex conica* 'Snowline') wirkt mit ihren schmaleren Blättern noch etwas eleganter. Die **Japan-Goldsegge** (*Carex oshimensis*) 'Evergold' zeigt eine auffällige gelbliche Streifung.

All diese Gräser sollten erst im Frühjahr zurückgeschnitten werden. Passende Partner sind *Epimedium*, *Hosta*, *Pulmonaria* oder *Waldsteinia*. Äußerst reizvoll sind Seggen auch als Begleiter von Rhododendren.

Die weißbunte Wald-Marbel (*Luzula sylvatica* 'Marginata') ist ein nicht verwandtes Gras, das aber der Weißbunten Japan-Segge sehr ähnelt.

Die **Gold-Segge** (*Carex elata* 'Aurea', Syn. *C. elata* 'Bowles Golden') wird 40 cm hoch und gilt immerhin als wintergrün. Ihre schmalen Blätter sind bis auf einen feinen grünen Rand vollständig goldgelb gefärbt und hängen locker gebogen über. Damit bringen sie Licht in schattige Partien. Am besten gedeihen die Horste in humosem und frischem Boden, selbst der nasse Teichrand wird vertragen. Blaulaubige Funkien oder rotlaubige *Heuchera* bilden einen zauberhaften Kontrast zu dieser Segge. Die wintergrünen Blätter dienen als Kälteschutz und werden erst im Frühjahr kurz vor dem Neuaustrieb geschnitten.

Zuletzt sei aus dem großen Sortiment noch die **Fuchsrote Segge** (*Carex buchananii*) herausgegriffen. Die ebenfalls wintergrünen, 40 cm hohen und straff aufrechten Horste bilden mit ihrer außergewöhnlichen rostroten Färbung das ganze Jahr über einen Blickfang – besonders im Winter, wenn Reif und Schnee einen Kontrast zum roten Laub erzeugen. Leider ist sie nicht vollständig frosthart und sollte in rauen Lagen einen geschützten Platz oder eine wärmende Reisigabdeckung erhalten. Die fuchsroten Blätter lassen sich in sonnig-warmer Lage sehr gut mit farbigen Blattschmuckpflanzen wie Günsel, *Heuchera*, Blau-Schwingel oder Schwarzblättrigem Schlangenbart (*Ophiopogon*) vergesellschaften.

Darüber hinaus sind einige *Carex*-Arten und -Sorten auch durch ihre interessanten Wuchsformen – aufrecht, überhängend, verquirlt etc. – für Freunde besonderer Pflanzengestalten attraktiv.

Efeu

Der Efeu gehört als Klettergehölz für schattige Lagen, im Wald wie an Gebäuden, das noch dazu über Heilkräfte verfügt, zu den populärsten Pflanzen in Natur und Garten.

Nicht nur deshalb kann die Vielzahl an Sorten mit unterschiedlichen Blattfarben, -zeichnungen und -formen bei so manchem Gartenfreund die Sammelleidenschaft wecken. Es finden sich zahlreiche Varianten mit gelbem Einschlag, mal am Rand (z. B. ‘Aureovariegata’, ‘Yellow Ripple’), mal im Herz (‘Goldheart’) oder wie bei ‘Golden Ingot’ in unregelmäßiger Musterung. ‘Glacier’ ist eine bewährte weiß panaschierte Sorte mit silbrig überhauchtem Blatt. Für die große Varianz an Blattformen geben die Sorten ‘Goldstern’ und ‘Teardrop’ ein gutes Beispiel: Während erstere filigrane Blattsternchen ausbildet, präsentiert sich das Laub von ‘Teardrop’ – der Name lässt es ahnen – in einer ungewöhnlichen Tropfenform.

Efeu gedeiht bevorzugt im Schatten, aber – sofern der Boden ausreichend feucht ist – auch in sonniger Lage. Allerdings kann der Frost einigen der blattbunten Sorten Probleme bereiten und ihre Verwendung auf geschützte Bereiche beschränken. Mit seinen kriechenden und kletternden Trieben eignet sich Efeu als Bodendecker wie als malerischer Begrüner von Mauern, Zäunen und Sichtschutzwänden.

Die Vielfalt an Blattformen und -färbungen kann zum Sammeln anregen: hier die goldgerandete Efeu-Sorte *Hedera Helix* ‘Goldchild’

Hedera helix in Sorten

Farbe: grün mit weißer und gelber Musterung

Höhe: bis 20 m (kletternd)

Halbschatten bis Schatten

immergrün

Manche rote Purpurglöckchen-Sorte kommt einer Schwarzfärbung nah.

Purpurglöckchen

Das Sortiment an Purpurglöckchen bietet eine immense und ständig wachsende Auswahl farbenfroher Blattschönheiten. Mehr und mehr Sorten sind nicht mehr auf einen halb- oder lichtschattigen Standort angewiesen, sondern lassen sich auch vorzüglich in voller Sonne und zeitweise trockenem Boden etablieren.

Heuchera in Sorten

Farbe: breites Spektrum
Höhe: 10–20 cm (Blüten: 30–60 cm)
Sonne bis Halbschatten
zum Teil wintergrün

Heuchera-Horste sind für sich allein ein Blickfang, sie kommen aber am besten zur Geltung, wenn sie spannende Kontraste zu anderen Blattschmückern wie Funkien bilden, den Rahmen für frühlingsblühende Zwiebelblumen abgeben oder einfach nur eintöniges Grün aufpeppen. Längst haben sie auch Kübel und Tröge erobert.

Einige neuere Züchtungen, nicht zuletzt Abkömmlinge von *H. villosa* wie 'Caramel' oder 'Bronce Beauty', können mit ihren kräftigen Farbtönen sogar während der Wintermonate für ungewohnte Akzente sorgen.

Blattzeichnungen gibt es im Übrigen auch bei der nah verwandten Schaumblüte (*Tiarella*). Die Züchter haben auch diese Möglichkeit aufgenommen und aus Purpurglöckchen und Schaumblüte *Heucherella*-Hybriden gekreuzt, die das Spektrum der Blattzeichnungen zusätzlich erweitern.

Sortenempfehlungen

- 'Blueberry Muffin': oberseits silbrig mit dunkler Aderung, unterseits dunkelrot gefärbt
- 'Frosted Chocolate': schokoladenbraun mit oberseits weißer „Zuckerglasur"
- 'Key Lime Pie': zitronengelbes Blatt
- 'Obsidian': schwarzrotes Blatt
- 'Palace Purple': „klassische" Sorte mit rotbraunen Blättern
- 'Peppermint Ice': minzfarben mit dunkler Aderung und orangefarbenem Rand

Andersfarbige Adern und Ränder ergeben mitunter pittoreske Zeichnungen.

Funkien

Funkien-Vielfalt: Herzblätter in verschiedenen Größen, Texturen, Grundtönen und Zeichnungen

Hosta in Sorten

Farbe: gelblich bis blaugrün, z. T. weiße Muster
Höhe: 10–120 cm
Halbschatten bis Schatten
sommergrün

Die riesige Auswahl an Funkiensorten dürfte selbst für begeisterte Sammler schwierig zu überschauen sein. Die Vielfalt an raffinierten Färbungen und Blattformen kennt kaum Grenzen: Weiß, Gelb und bläuliches Grün mischen sich oft in ornamentalen Verläufen mit den schönsten Grüntönen. Es gibt klitzekleine Zwergformen und imposante Laubhorste mit schmal lanzettlichen, herzförmigen oder breit runden Blättern, die sich mal glattrandig, mal gewellt, mal gekräuselt präsentieren. Hinzu kommen das dekorative Linienspiel der Blattnervatur und eine attraktive Herbstfärbung bei vielen großblättrigen Sorten. Im Sommer erscheinen als Zugabe die weißen oder violetten Blüten und verströmen einen mehr oder weniger intensiven, angenehmen Duft.

Funkien sind Stauden für frische bis feuchte und beschattete Lagen. Vor allem die buntblättrigen Sorten neigen in voller Sonne zu Blattverbrennungen. Etwas Morgen- und/oder Abendsonne sollten sie aber durchaus abbekommen, um ihre Färbung aufrechtzuerhalten. Im tiefen Schatten vergrünen sie.

Am passenden Standort und mit gelegentlicher organischer Düngung stellen die Horste ihre Pracht jahrzehntelang zur Schau. Allerdings können die gefräßigen Schnecken das Bild trüben. Unter dem Dach der großen Blätter finden sie nämlich ideale Lebensbedingungen. Vor allem in einem feuchten Frühjahr bleibt daher dem Gärtner das Absammeln oder die Bekämpfung (z. B. mit umweltfreundlichem Ferramol-Schneckenkorn) nicht erspart. Tipp: Dickblättrige Sorten werden weniger befallen!

Ihre Qualitäten entfalten Funkien am besten im Zusammenspiel mit kontrastierenden, aber dezenten Begleitern wie Farnen, Gräsern oder niedrigen Bodendeckern. In Kombination mit Astilben, Eisenhut, Silberkerzen und anderen blühenden Waldstauden werden die Funkien selbst zum perfekten Begleiter. Sehr reizvoll ist auch eine Gruppe unterschiedlicher Funkien-Sorten oder die Präsentation eines attraktiven Einzelexemplars im Gefäß.

Ausgewählte Funkien-Sorten

NAME	BLATTFARBE	LAUBFORM	HÖHE (cm)
einfarbig			
'Frisian Pride'	leuchtend goldgelb	lanzettlich, gewellt	40–50
'Green Acres'	mittelgrün	groß, tief geadert	100–120
H. lancifolia	glänzend grün	lanzettlich	30–50
H. ventricosa	kräftig grün	lanzettlich, deutliche Nervatur	50–80
'Deep Blue Sea'	blaugrün	herzförmig, gewellt, genörpelt	ca. 40
'Halycon'	blau(grün)	herzförmig	40–60
'Blue Mouse Ears'	blau	rundlich und dick, kleine symmetrische Horste	10–15
H. sieboldiana 'Elegans'	blaugrau	sehr groß	70–80
zweifarbig			
'Ben Vernoij'	intensiv blau, Rand sattgelb	spitz herzförmig, gedreht	40–50
'Cherry Berry'	kräftig grün, Mitte cremegelb gezeichnet	lanzettlich	30–40
'El Nino'	blau, unregelmäßiger weißer Rand	herzförmig	30–40
'Fire and Ice'	weiß, unregelmäßiger dunkelgrüner Rand	breit herzförmig	30–40
'Fortunei Aureo-marginata'	gold-gelber, gewellter Rand	herzförmig	50–70
'Francee'	dunkelgrün, schmaler weißer Rand	herzförmig	60–70
'June'	golden-grünlich mit unregelmäßigem blaugrünem Rand	länglich-herzförmig, leicht gewölbt	20–25
'Lakeside Paisley Print'	gelbe federartige Mitte, grüner Rand	breit herzförmig, Rand gewellt	ca. 40
'Wide Brim'	breiter cremegelber Rand, blaugrünes Zentrum	breit herzförmig	40–60
'Wunderbar'	graugrün, gelber Rand	groß	100–120
H. fortunei 'Gold Standard'	goldgelb mit dunkelgrünem Rand	herzförmig	50–70
H. sieboldiana 'Frances Williams'	blaugrün mit gelbem Rand	groß und rund	50–80

Salbei

Salvia 'Purpurascens' (vorne links), 'Icterina' (vorne rechts) und 'Berggarten' (hinten)

Salvia officinalis in Sorten
Farbe: verschiedene
Höhe: bis 60 cm
Sonne bis Halbschatten
immergrün

Diese Gattung fällt in den letzten Jahren den Gartenfreunden zunehmend ins Auge, weil auf den Pflanzenmärkten immer mehr hübsch blühende Arten auftauchen. Dagegen haben sich drei blattbunte Sorten des klassischen Gewürzsalbei schon seit zwei Jahrzehnten in den Gärten etabliert:
'Icterina' zieht die Blicke mit einer gelbgrünen Panaschierung auf sich.
Bei **'Purpurascens'** ist das Laub, vor allem an jungen Trieben, effektvoll purpurviolett getönt; die älteren gehen mehr ins Graugrüne über.
Bei **'Tricolor'** verfügen die Blätter mit einer Zeichnung aus purpurnen, weißen und grünen Anteilen sogar über einen hübschen Farbdreiklang.
Die Sorte **'Berggarten'** kann zwar nur Blätter von stumpf- bis graugrüner Farbe vorweisen. Weil diese aber relativ groß und rundlich sind, wird auch diese Sorte oft aufgrund ihrer attraktiven Gestalt in den Garten gepflanzt.

Die immergrünen Halbsträucher fühlen sich in durchlässigem, auch trockenem Boden wohl und lieben es sonnig. Mit diesen Eigenschaften lockern sie das Kräuterbeet optisch auf, können aber auch im Blumenbeet die Farben ihrer blühenden Nachbarn verbinden. Im Frühjahr sind die Pflanzen für reichlich Kompost und in rauen Lagen für etwas Winterschutz dankbar.

Der **Gold-Apfel-Salbei** (*Salvia elegans* 'Golden Delicious') fällt nicht nur wie die Artgenossen durch einen intensiven Duft auf, sondern auch durch sein goldgelbes Laub. Die Pflanze ist allerdings bei uns nicht winterhart und muss geschützt überwintert werden.

Buntnessel

Die vielfältigste Blattschmuckpflanze! Ihre herzförmigen, am Rand nesselartig gesägten Blätter zeigen verschiedenste Farben und Zeichnungen in vielen Kombinationen. Am häufigsten sind Rottöne, und sie bilden gemeinsam mit hellem Gelb, Kupfer, Grün und Violett spektakuläre, teilweise mehrfarbige Muster. Sogar Sorten mit besonders geformten oder gar gelochten Blattformen sind zu finden.

Buntnesseln sind eigentlich buschige Stauden, die ursprünglich in Afrika und Asien zuhause sind, aufgrund ihrer Frostempfindlichkeit hierzulande allerdings nur einjährig kultiviert werden. Lediglich am Fensterbrett halten sie länger.

Die Pflanzen sind kalkverträglich und bevorzugen frische, mäßig nährstoffreiche Böden in lichtem Schatten bis Sonne. Im Tiefschatten und in praller Sonne neigen die Blattfarben dazu auszubleichen.

Buntnesseln setzen als einzelne Farbkleckse Akzente oder lassen sich nach Belieben mit anderen Blatt- oder Blütenpflanzen vergesellschaften. Aber sie wirken auch flächig in Schaupflanzungen, wenn z. B. Rot als Blattfarbe überwiegt.

Das Abzwicken der endständigen Blütenrispen, die im frühen Sommer erscheinen, sowie ein gelegentliches Einkürzen hält den Wuchs kompakt. Im Sommer muss regelmäßig gegossen und auch gedüngt werden.

Buntnessel mit zweifarbigen, rundlich gelappten Blättern: 'Pink Devil'

Solenostemon scutellarioides*, Syn. *Plectranthus

(früher als *Coleus* bekannt)

Farbe: mehrfarbig

Höhe: 25–60 cm

Sonne bis Halbschatten

einjährig

Beet- und Balkonpflanzen

Während man das langjährige Gerüst eines Gartens aus Stauden und Gehölzen besonders sorgfältig auswählen sollte, darf man mit den kurzlebigen oder nicht winterharten Arten ruhig einmal etwas mutiger experimentieren. Sie können Lücken füllen oder jedes Jahr einen anderen Rahmen bilden. Sie eignen sich aber auch hervorragend für die Bepflanzung von Kübeln und Kästen, die sowieso nur saisonal angelegt werden. Auch vereinzelte kleinwüchsige Sträucher können in diese Kategorie fallen.

Zierkohl

Brassica oleracea var. *acephala*
Farbe: bunt
Höhe: 15–30 cm
einjährig

Der Zierkohl ist ein Spätzünder: Erst bei kühlen Nächten unter 10 °C beginnen sich die von einem grünen Blattkranz umrahmten Kohlherzen rot, rosa, violett, gelb oder weiß zu färben. Im Herbst bringt er so noch einmal richtig Farbe ins Beet. Dazu passen kräftige Partner wie Astern, Heidekräuter und silberblättrige Begleiter. Neben den glatten gibt es auch dekorative kraus- und geschlitztblättrige oder langstielige Varianten; letztere erobern zunehmend die Vasen.

Zierkohl

Indisches Blumenrohr (siehe auch Seite 42)

Indisches Blumenrohr

Canna-indica-Hybriden
Farbe: rot, gelb
Höhe: 60–180 cm
nicht winterhart

Den aufrechten Trieben entspringen stattliche Blätter, die je nach Sorte frisch- bis blaugrün oder bronzefarben bis dunkelrot getönt sind. Zudem erscheinen Blüten in leuchtenden Farben. Besonders exotisch muten die rotlaubigen Varianten an, z. B. 'Tropicana' (buntgestreiftes Blatt, orangefarbene Blüte), 'Black Knight' (dunkelrot/rot) oder 'Wyoming' (weinrot/orange). Die *Canna* muss hin und wieder gedüngt und gewässert werden. Sie erwartet einen gleichmäßig feuchten, nährstoffreichen Boden in voller Sonne. Ihr Wurzelstock kann trocken und kühl überwintert werden.

Turkestan-Strohblume
(*Helichrysum thianschanicum*)

Silber-Strohblumen

Die Lakritz-Strohblume (*H. petiolare*) ist eine ausgezeichnete Strukturpflanze für Balkonkasten, Ampel oder Kübel. Die ursprünglich aus Südafrika stammende Art entwickelt leicht überhängende Triebe mit breit eiförmigen Blättern. Neben den am meisten verbreiteten silberlaubigen Sorten (u. a. 'Silver') gibt es auch farbig gerandete Formen, von denen die cremegelbe Sorte 'Rondello' den größten Zierwert hat.

Helichrysum sp.
Farbe: silbrig-grau, cremegelb
Höhe: bis 30 cm
einjährig

Besonders dekorativ ist die Silber-Strohblume, wenn sie rosafarbene oder blau blühende Partner umspielen darf, z. B. Zauberglöckchen (*Calibrachoa*) oder Hängepetunien.

H. italicum wird wegen seines aromatischen Dufts auch Currykraut genannt; es bildet silbergraue Polster aus schmal beblätterten Trieben und ist bei uns beschränkt winterhart. Der Handel bietet sehr ähnliche Pflanzen unter dem Namen Turkestan-Strohblume (*H. thianschanicum*) in verschiedenen Sorten an.

Die Pflanzen wachsen am liebsten in voller Sonne und auf mäßig trockenem Boden. Sehr ansprechend ist die Kombination mit Purpurglöckchen, Günsel und Lampenputzergras (*Pennisetum alopecuroides*) oder Japan-Segge (*Carex morrowii*).

Punktblatt

Hypoestes phyllostachya
Farbe: weiß- oder rötlich-bunt gesprenkelt
Höhe: bis 30 cm
nicht winterhart

Früher kannte man die aus Madagaskar stammende Staude mit dem hübschen Pünktchenmuster nur als Zimmerpflanze. Inzwischen wurde sie aber auch als Blattschmuck für Balkonkästen und sogar Blumenbeete entdeckt, wo sie wie die Sommerblumen erst bei zuverlässig sommerlicher Wärme im Freien gedeiht. Möglichst auf ausreichend frischen Böden pflanzen, verträgt Sonne wie Schatten. Aufgrund des lebhaften Musters zurückhaltend verwenden! Lässt sich leicht durch Stecklinge vermehren und kann dadurch auch gut flächig gepflanzt werden.

Punktblatt

Süßkartoffel mit purpurroten herzförmigen Blättern

Süßkartoffel

Ipomoea batatas in Sorten
Farbe: gelb, rot, violett
Höhe: 1–3 m (kriechend)
einjährig

Die Süßkartoffel ist eine weit verbreitete, (sub-)tropische Nahrungspflanze, die in letzter Zeit zunehmende Bedeutung als zierende Kletterpflanze gewinnt. Die Sorten wirken durch ein ausgeprägt leuchtendes Blattwerk, manchmal in frischem Hellgrün, manchmal auch leicht rosa angehaucht oder violett bis dunkelrot getönt. Auch die herz- bis ahornförmige Blattform ist höchst ansprechend. Für ihre langen, windenden Triebe braucht die Süßkartoffel eine Kletterhilfe. Damit liefert sie die dekorative Umrahmung und den Hintergrund für kräftige Blüher im Sommerblumenbeet. Im Herbst können die aromatischen Knollen geerntet und sogar gegessen werden.

Iresine

Iresine herbstii
Farbe: rot
Höhe: 30–40 cm
einjährig

Triebe und Blatt zeigen sich bei den meisten Kulturformen der Iresine in verschiedenen Rottönen. Sehr dekorativ ist die Blattzeichnung mit hellroten oder pinkfarbenen Adern auf purpurrotem Blattgrund. In voller Sonne leuchten die Blätter am eindrucksvollsten.
Die Iresine lässt sich wirkungsvoll in sogenannten Teppichbeeten, also gemusterten Flächenpflanzungen einsetzen. Aber auch als einzelner Farbklecks ist sie eine Bereicherung für jedes Sommerblumenbeet.

Iresine 'Red Heart'

Rotblättriger Wunderbaum

Wunderbaum

Ricinus communis
Farbe: bronze, rot
Höhe: 2 m und mehr
nicht winterhart

Da die Pflanze mit den markanten Blättern recht schnellwüchsig ist, kann sie bei uns einjährig kultiviert werden und bildet an einem vollsonnigen Standort, bei reicher Düngung und Bewässerung, mehrere Meter hohe Sträucher mit rotbraunem Stamm. Am attraktivsten sind die handförmig gelappten Blätter, wenn sie – wie bei mehreren Sorten – bronze, rot oder purpurn gefärbt sind. Im Spätsommer entwickeln sich zudem die auffällig gestachelten Früchte. Das Öl des Wolfsmilchgewächses wird vielseitig verwendet, die Samenschalen jedoch sind hochgiftig!

Silberblatt

Senecio cineraria
(Syn. *Jacobaea bicolor*)
Farbe: silbrig
Höhe: bis 30 cm
einjährig

Das Silberblatt stammt aus dem Mittelmeerraum und wird hierzulande meist einjährig gezogen. Mit seinen silbrig-filzigen und fein gefiederten Blättern dient es als wertvolle Strukturpflanze im Beet, im Steingarten oder in Balkonkästen und Kübeln.
Am besten bildet sich das Laub in voller Sonne und auf mageren, nicht zu feuchten Böden aus. Durch Entspitzen der Triebe lässt sich die Pflanze schön kompakt halten und das Erscheinen der gelben Blütenköpfchen wird verzögert. Sehr attraktiv wirkt das Silberblatt im herbstlichen Kontrast zu violettroten Kissenastern.

Silberblatt

Kapuzinerkresse ‘Alaska’

Weißbunte Kapuzinerkresse

Tropaeolum majus ‘Alaska (Mix)’
Farbe: weiß-grün
Höhe: 30 cm
einjährig

Diese buschig wachsende Sorte wartet mit einer weiß-grünen Blattpanaschierung auf. Sie wird in Mischungen mit gelben, orangefarbenen und rötlich getönten Blüten angeboten, die sich von Juli bis Oktober öffnen. Kapuzinerkresse fühlt sich in sonnig-warmer Lage wohl und entwickelt in nur mäßig gedüngter Erde die meisten Blüten. Der Mix aus runden, marmorierten Blättern und fröhlichen Blütenfarben frischt Sommerblumenbeete und Balkonkästen auf, wirkt aber auch im Einzeltopf sehr ansprechend.

Weitere Strukturpflanzen für den Balkon

- Silber-Chrysantheme (*Ajania pacifica*)
- Silberdraht (*Calocephalus brownii*)
- Weißbunter Gundermann (*Glechoma hederacea* ‘Variegata’)
- Harfenstrauch, Weihrauch (*Plectranthus forsteri* ‘Marginatus’, panaschiert)

Kräuter und Gemüse

Bei den meisten Kräutern und vielen Gemüsearten richtet sich die Aufmerksamkeit von vornherein auf die Blätter, denn diese sind die Träger von Nähr- und Aromastoffen. Einige von ihnen haben sich aufgrund ihrer trocken-heißen Standortansprüche eine silbergraue Belaubung zugelegt. Manche Sorten wiederum heben sich durch eine rote, gelbe oder gemusterte Blattfärbung hervor.

Baumspinat

KRÄUTER

Heil- und Würzkräuter verfügen nicht nur über vielfältige Aromen und Wirkstoffe, sondern auch über ein breites Spektrum an Erscheinungsformen. Dabei liegt das Augenmerk in den meisten Fällen auf dem Laub. Insbesondere tun sich Arten und Sorten mit panaschierten, rot oder grau gefärbten Blättern hervor.

Rotes Basilikum

***Ocimum basilicum* in Sorten**
Farbe: rot
Höhe: 20–60 cm
ein- bis mehrjährig
sommergrün

Rotes Basilikum bringt Abwechslung ins Kräuterbeet und auf den Teller! Es gibt attraktive Sorten mit rein roten Blättern (z. B. 'Dark Opal') oder mit roter Blattaderung (z. B. 'African Blue'). Letztere zählt zu den robustesten Formen und lässt sich – hell und bei ca. 10 °C überwintert – auch mehrjährig als Strauchbasilikum ziehen. Darüber hinaus gibt es auch dicht und klein beblätterte Sorten in frischem Hellgrün.
Den Sommer über braucht Basilikum einen warmen, windgeschützten Platz in humoser und gleichmäßig feuchter Erde. Laufend beerntete und entspitzte Pflanzen verzweigen sich gut und bleiben schön kompakt.

Basilikum 'Purple Ruffles'

Perilla

Perilla

Perilla frutescens
Farbe: rot
Höhe: 30–60 cm
einjährig

Neben ihren würzenden Fähigkeiten ist die Perilla oder Schwarznessel mit ihren meist dunkelroten, krausen und grob gezähnten Blättern auch eine tolle Bereicherung im Ziergarten. Sie bietet einen kräftigen Kontrast zu frischgrünen oder silberlaubigen Nachbarn. Zudem verströmt das Laub ein exotisches Aroma; damit spielt es eine bedeutende Rolle in der asiatischen Küche. Das einjährige Kraut liebt volle Sonne und kommt in jedem gewöhnlichen Gartenboden zurecht.

Thymus citriodorus 'Golden King'

Thymian

Thymus in Arten und Sorten
Farbe: weiß-grün, gelb-grün
Höhe: je nach Sorte 5–40 cm
immergrün

Die Gattung *Thymus* umfasst einige Sorten mit besonderer Blattfärbung:

- Silber-Thymian (*Thymus vulgaris* 'Argenteus'): weiß gerandete Blätter, würzig duftend, 30–40 cm hoch
- Sand-Thymian (*Thymus serpyllum* 'Goldstream' u. a.): gelbbunte, teppichbildende Sorten, 10 cm hoch
- Zitronen-Thymian (*Thymus × citriodorus*): u. a. weiß ('Silver Queen') und gelb ('Golden King', 'Villa Nova') panaschierte Sorten; intensives Zitronenaroma, 10–30 cm hoch
- Quendel-Thymian (*Thymus pulegioides*) 'Goldzitronenthymian': intensives Zitronenaroma, 10–30 cm hoch

Die zierlichen Halbsträucher freuen sich über sonnige, aber ansonsten spartanische Bedingungen, die sie im mageren, trockenen Steingarten, an Trockenmauern oder in kargen Bereichen der Kräuterspirale vorfinden. Höhere Sorten wirken auch im Topf sehr gefällig.

Weitere blattschmucke Kräuter

- Wermut (*Artemisia absinthium*): silbergraulaubig
- Beifuß (*Artemisia vulgaris*): gelbe und panaschierte Sorte
- Melisse, Zitronen-Melisse (*Melissa officinalis*): gelbe und panaschierte Sorten
- Pfefferminze (*Mentha* sp.): rötliche und behaarte Sorten
- Oregano (*Origanum vulgare*): gelbe und panaschierte Sorten
- Weinraute (*Ruta graveolens*): blaugrau
- Ananas-, Apfel-Salbei (*Salvia elegans,* Syn. *S. rutilans,* in Sorten): 'Golden Delicious' u. a. gelblaubige Sorten
- Salbei (*Salvia officinalis*): ▶ Seite 40

GEMÜSE

Das Gemüsebeet ist voll von reizvollen Wuchsformen. Einige stechen aufgrund ihrer Färbung aus dem ansonsten weitgehend grünen Allerlei allerdings besonders hervor. Dies macht sie nicht nur für eine abwechslungsreiche Gestaltung des Nutzgartens interessant: Solch attraktive Gestalten lassen sich auch gut und gerne in Zierpflanzungen integrieren.

Mangold

***Beta vulgaris* subsp. *vulgaris* var. *vulgaris* in Sorten**

Farbe: je nach Sorte
Höhe: bis 60 cm
zweijährig
sommergrün

Schon die normalen grünen Sorten, die man in Blatt- und Stielmangold (mit besonders fleischigen Rippen) unterscheidet, sind mit ihren großen, aufrechten Blättern eine eindrucksvolle Erscheinung. Die buntblättrigen Varianten des Mangolds sind jedoch eine besondere Attraktion im Gemüse- wie im Zierbeet! Die Sorte 'Vulkan' beispielsweise hat rötlich-grüne Blätter sowie flammend rote Stiele und Blattrippen, die auch beim Dünsten ihre Farbe behalten. Andere rote Sorten heißen 'Rhubarb Chard', 'Feurio' oder 'Magenta Sunset'. Zudem gibt es auch gelbe, orange- und rosafarbene Sorten. Bei der Mischung 'Bright Lights' sind Stiele und Blätter der einzelnen Pflanzen unterschiedlich gefärbt, sodass eine Reihe dieser Sorte in nahezu allen Regenbogenfarben strahlt. Mangold verträgt leichte Fröste und ziert bis in den Winter hinein. Im zweiten Jahr wird in der Regel abgeerntet, bevor der Blütenstand erscheint.

Mangold 'Vulkan'

Grünkohl 'Redbor'

Roter Grünkohl

Brassica oleracea convar. acephala var. sabellica 'Redbor'
Farbe: rot
Höhe: bis 80 cm
zweijährig
sommergrün

Mit ihren gekrausten Blättern gehört schon jede „normale" Grünkohl-Pflanze zu den auffälligsten Figuren im Gemüsebeet. Aber diese stattliche rotblättrige Variante des Grünkohls ist ein besonders origineller Blickfang – sogar im herbstlichen Blumenbeet. Mit fallenden Temperaturen geht die rötliche Färbung in ein kräftiges Rotviolett über. Schöne Kombinationen ergeben sich mit orangefarbenen Blühern oder filigranen Gräsern. Auch als Solitär im passenden Topf ist der krausblättrige Kohl ein absoluter Hingucker.

Seit einigen Jahren gibt es auch einen Blattkohl mit weiß gerandeten Blättern, der als winterharte Deko-Pflanze gehandelt wird: 'Evercream'.

Artischocke

Cynara scolymus
Farbe: silbrig
Höhe: 80–150 cm
zweijährig
sommergrün

Ihre bizarre Schönheit beruht auf ihren distelähnlichen, silbergrünen Blättern und wollig behaarten Stängeln. Wer die Knospen nicht erntet, wird ab August zusätzlich mit leuchtend violetten Blütenköpfen belohnt. Für die Artischocke ist die Kultur im Kübel empfehlenswert, denn sie ist nicht ganz frosthart und muss zur Überwinterung in einen hellen und kühlen Raum umziehen. Man kann sie aber auch im Herbst zurückschneiden, ausgraben und über den Winter in Sand einschlagen. Im Kübel gibt die Artischocke einen extravaganten Solisten ab, im (Kräuter-) Beet versprüht sie gemeinsam mit Lavendel und Salbei mediterranen Charme.

Artischocke (ohne Blüte)

Blut-Ampfer

Blut-Ampfer

Rumex sanguineus var. sanguineus
Farbe: grün-rot
Höhe: 10–30 cm
mehrjährig
sommergrün

Mit einer feinen roten Aderung zieht der Ampfer alle Blicke auf sich. Die aus europäischen Auwäldern stammende Staude bevorzugt feuchte Böden, besonders wenn sie sonnig steht. Der Uferbereich eines Teichs oder der lichte Schatten unter Baumkronen wären daher als Standort ideal. Der Blut-Ampfer schmeckt milder und weniger sauer als sein einfarbig grüner Bruder, der Sauer-Ampfer.

Weitere blattschmucke Gemüse

- Garten-Melde (*Atriplex hortensis*): rote Sorte
- Baumspinat (*Chenopodium giganteum*): magentarote Triebspitzen

Stauden

Die langlebigen Stauden sind das Herz des Ziergartens: Begleitet von Sträuchern und Bäumen bilden sie das Grundgerüst von Blumenbeeten, Schattenpflanzungen, Steingärten und Feuchtbiotopen. Die Auswahl an Gartenstauden ist für den Laien kaum zu überschauen. Selbst die Zahl der Sorten mit attraktivem, außergewöhnlichem Laub nimmt einen beträchtlichen Umfang ein – und wächst auch noch ständig. Denn die Züchter haben das Potenzial der Blattschmuckstauden und das Interesse der Pflanzenfreunde daran längst erkannt.

Liriope muscari 'Variegata'

Kriechender Günsel

Der Günsel ist dank seiner Farbvariationen einer der wertvollsten Bodendecker für halbschattige, bei ausreichender Feuchte auch wiesenartige sonnige Bereiche. Das Sortiment umfasst schöne purpurne bis rotbraune Formen (z. B. 'Atropurpurea', 'Elmblut'), aber auch mehrfarbige; 'Burgundy Glow' etwa glänzt mit grün, weiß und rosa getönten Rosettenblättchen. Komplettiert wird das Farbspiel durch die meist blauen Blütenkerzen, die von Mai bis Juni erscheinen. Kombinationen mit Frauenmantel, Goldnessel (*Lamiastrum galeobdolon*), *Waldsteinia* oder Schlüsselblumen sind besonders hübsch anzusehen.

***Ajuga reptans* in Sorten**
Farbe: rot, mehrfarbig
Höhe: 10–20 cm
Sonne bis Schatten
wintergrün

Kriechender Günsel 'Burgundy Glow'

Silberraute, Edelraute

Artemisia ludoviciana 'Silver Queen'

Die Gattung *Artemisia* hat einige sehr wertvolle Formen zu bieten. Für den Steingarten empfiehlt sich die Zwerg-Silberraute (*A. schmidtiana* 'Nana'), die mit filigranem und silbrig-zottigem Laub hübsche Polster bildet. Die Gabelblatt-Silberraute (*A. stelleriana*) wird mit 40 cm etwas höher und bedeckt mithilfe von Ausläufern den Boden mit dekorativem, eichenblattähnlichem Laub.

Auf durchlässigen Böden und in warmer Lage sind die meisten Edelrauten gut gefeit gegen Winternässe und Frost. Die verholzenden Triebe des Silberstrauch-Wermuts (*A. arborescens* 'Powis Castle') sind etwas empfindlicher und dankbar für einen geschützten Standort und Reisigabdeckung. Sein wunderschön gefiedertes Laub kann sich auch im Kübel sehen lassen.

Die 70 cm hohe *Artemisia ludoviciana* 'Silver Queen' veredelt das Beet mit silbrig schimmernden, lanzettlichen Blättern und aromatischem Blattduft. Über Ausläufer bilden die vieltriebigen Horste allmählich breite Bestände. Elegante Pflanzenbilder ergeben sich im Zusammenspiel mit rosafarbenen, blauen oder weißen Blütenstauden.

Artemisia in Arten und Sorten

Farbe: silbrig
Höhe: 20–80 cm
Sonne
sommergrün

Italienischer Aronstab

Arum italicum subsp. italicum 'Pictum (Marmoratum)'
Farbe: grün-weiß
Höhe: 20–50 cm
Halbschatten bis Schatten
wintergrün

Die pfeilförmigen, glänzend grünen Blätter dieses Aronstabs ziehen mit einer bestechenden weißlichen Musterung den Blick auf sich. Zusätzlichen Schmuck bietet der herbstliche Fruchtstand mit seinen rot leuchtenden Beeren (Achtung, giftig!). Diese außergewöhnliche Pflanze treibt im Herbst aus und zieht über den Sommer ein, um der Trockenheit aus dem Weg zu gehen. Für extreme Winterphasen empfiehlt sich eine schützende Reisigabdeckung.
Am halbschattigen Standort bildet der Aronstab ansehnliche Kolonien. Reizvolle Pflanzpartner sind Christrosen, Salomonssiegel, weißbunte Gräser oder Farne.

Arum italicum 'Marmoratum'

Kaukasusvergissmeinnicht 'Mr. Morse'

Gemustertes Kaukasus-vergissmeinnicht

***Brunnera macrophylla* 'Jack Frost', 'Mr. Morse' u. a.**
Farbe: silbrig
Höhe: 30–40 cm
Sonne bis Halbschatten
sommergrün

Das herzförmige Laub dieser bezaubernden Sorte ist bis auf den Blattrand und die Blattnerven silbrig gefärbt und erweckt damit den Eindruck, als hätte es der Frost bereift. Das Zusammenspiel dieser Strahlkraft mit der Eignung für licht- und halbschattige Situationen macht 'Jack Frost' besonders wertvoll. Aber auch vor sonnigen Gartenbereichen machen die schmuckvollen Horste mit ihren strahlend blauen Frühjahrsblüten nicht Halt, solange der Boden ausreichend feucht ist.
Die Horste erhellen dunkle Ecken und kontrastieren eindrucksvoll zu rotblättrigen Purpurglöckchen und Silberkerzen, Gräsern und filigranen Farnen.

Wolfsmilch

Mandelblättrige Wolfsmilch

Euphorbia
in Arten und Sorten

Farbe: rot
Höhe: 30–40 cm
Sonne
zum Teil wintergrün

Die riesige Gattung der Euphorbien hat exzellente Sorten zu bieten, die ihren aparten Habitus mit einer prachtvollen roten Laubfärbung vereinen. Die Mandelblättrige Purpur-Wolfsmilch (*E. amygdaloides* 'Purpurea') bevorzugt lichtschattige Plätze. Ausnehmend wertvoll ist sie im Winter, wenn ihr Blattkleid besonders intensiv ausfärbt.

Bei der Zypressen-Wolfsmilch (*E. cyparissias*) wirken die gelben Hochblätter der lang anhaltenden Scheinblüte wie Laub.

Bei der rotblättrigen Sorte 'Fens Ruby' und der Braunroten Wolfsmilch (*E. polychroma* 'Purpurea') darf der Platz sonnig und mager sein. Die beiden begeistern vor allem im Frühjahr mit dem rot-gelben Farbspiel von Blattaustrieb und Blüte.

Bronze-Fenchel

Foeniculum vulgare
'Atropurpureum', 'Rubrum'
Farbe: rot
Höhe: bis 150 cm
Sonne bis Halbschatten
sommergrün

Der Zierfenchel wächst zu einer stattlichen Pflanze mit ausladenden Zweigen und sehr fein gefiedertem, purpurnem oder bronzefarbenem Laub heran. Die gelblichen Doldenblüten bilden im Sommer einen angenehmen Kontrast zum dunkleren Laub, sollten jedoch nach der Welke entfernt werden, wenn man der unkontrollierten Selbstaussaat vorbeugen will.
Fenchel gedeiht in jedem Gartenboden, am besten aber in nährstoffreicher Erde und sonniger Lage.

Bronze-Fenchel

Chamäleonpflanze

Chamäleonpflanze

Houttuynia cordata 'Chameleon'
Farbe: grün-gelb-rot
Höhe: 30 cm
Sonne bis Halbschatten
sommergrün

Das Chamäleon unter den Eidechsengewächsen (Saururaceae) präsentiert eine gelbe und zum Herbst hin leuchtend rote Blattmusterung auf grünem Grund. Die herzförmigen Blätter erinnern etwas an Efeu, ebenso ihr starker Ausbreitungsdrang. Deswegen ist *Houttuynia* nicht für das Zierbeet geeignet, sondern für naturnahe Bereiche, wo sie Flächen farbenfroh überziehen darf. Die Pflanze bevorzugt feuchte, ja sogar sumpfige Böden, die sie in der Nähe von Gewässern findet.

Gefleckte Taubnessel

***Lamium maculatum* in Sorten**
Farbe: grün-silbrig
Höhe: 20–30 cm
Halbschatten
sommergrün

Die Sorten 'White Nancy' oder 'Pink Chablis' sind besonders schöne Vertreter der heimischen Taubnessel. Ihr silbrig schimmerndes und nur von einem dünnen grünen Rand umrahmtes Blatt ist in den bevorzugten schattigen Bereichen ein Lichtblick. Ohne zu wuchern, bedeckt die robuste Kriechstaude den Boden. Wo ein geschlossener Bestand erwünscht wird, empfiehlt sich ein Rückschnitt nach der frühjährlichen Blüte.
Als harmonische Nachbarn gelten Salomonssiegel, Astilben, Lungenkraut, Schaumblüte oder Waldgräser. Die Pflanzen werden aber auch gerne zur Harmonisierung in Balkonpflanzungen verwendet.

Gefleckte Taubnessel 'Pink Chablis'

Goldnessel 'Hermann's Pride'

Goldnessel

***Lamiastrum galeobdolon* 'Hermann's Pride'**
Farbe: silbrig-grün
Höhe: 20–30 cm
Halbschatten
wintergrün

Nur die Blattadern sind bei dieser Schmuck-Sorte grün – die Blattfläche schimmert silbrig-weiß. Zusätzliche Leuchtkraft verleihen die goldgelben Blüten, die den Bestand im Juni überziehen. 'Hermann's Pride' bevorzugt frische bis feuchte, nährstoffreiche Böden und fühlt sich im Unterwuchs von Gehölzen wohl. Dort breitet sich die wintergrüne Staude allmählich flächendeckend aus. So verbindet sie hohe (Halb-)Schattenblüher wie Eisenhut, Riesen-Glockenblume, Tränendes Herz oder Salomonssiegel sowie Farne und hohe Schattengräser zu stimmungsvollen Bildern.

Gold-Pfennigkraut

Lysimachia nummularia 'Goldilocks'
Farbe: grüngelb
Höhe: 5–10 cm
Sonne bis Schatten
sommergrün

Dieser aparte Bodendecker zeigt kleine runde Blätter und eine goldene Färbung, die im Laufe des Sommers etwas vergrünt. Das Pfennigkraut breitet sich gern auf ausreichend feuchten Böden aus und bildet dichte Teppiche. Besonders reizvoll ist der Kontrast zu rot- oder blaulaubigen Stauden (Purpurglöckchen, Günsel, Funkien). Auch als hängender Füller von Balkonkästen oder Ampeln kommt das leuchtkräftige Blattwerk gut zur Geltung.

Gold-Pfennigkraut

Schwarzer Schlangenbart

Schwarzer Schlangenbart

Ophiopogon planiscapus 'Niger' bzw. 'Nigrescens'
Farbe: dunkelviolett-schwarz
Höhe: 10–20 cm
Halbschatten bis Schatten
immergrün

Eine der dunkelsten Pflanzengestalten! Die kleinen, dunkelvioletten bis nahezu schwarzen, grasartigen Blattschöpfe bilden einen tollen Kontrast zu den rosa-weißlichen Sommerblüten.
Das außergewöhnlich dunkle Laub macht den Schlangenbart zu einer ausgezeichneten Kontrastpflanze bevorzugt für sonnige Lagen, die hellgrünes Nachbarlaub noch frischer und weiß- oder gelbblütige Stauden noch leuchtender erscheinen lässt.
Im Winter ist eine schützende Reisigdecke erforderlich, denn Kahlfrost und Wintersonne können der immergrünen Staude stark zusetzen. Mithilfe kurzer Ausläufer entsteht dann mit der Zeit ein lockerer Teppich.

Silberblatt-Salbei

Salvia argentea
Farbe: silbrig behaart
Höhe: 10 cm (Blüten: bis 70 cm)
Sonne
sommergrün

Diese Art besticht besonders im Jugendstadium mit großen, silbrig-flauschig behaarten Blättern, die sich anfangs zu einer imposanten Rosette fügen. Es ist eigentlich eine Staude, aber nur wenn man den bis 70 cm hohen Blütenstand rechtzeitig entfernt, bleibt das Exemplar länger im Garten erhalten.
Diese Art toleriert Hitze und Trockenheit und bevorzugt gut durchlässige Böden, was sie zu einem passenden Bewohner eines Steingartens macht. Im Winter ist eine nässeschützende Abdeckung zu empfehlen.

Silberblatt-Salbei

Heiligenkraut

Heiligenkraut

Santolina chamaecyparissus
Farbe: silbrig
Höhe: 30–50 cm
Sonne
immergrün

Das Heiligenkraut ist ein immergrüner Halbstrauch aus dem Mittelmeerraum, der den Einzug in unsere Gärten seinem feingliedrigen, silbergrauen Laub verdankt. Sein aromatischer Duft und die vielen gelben Blütenköpfchen setzen zusätzliche Akzente. Das Heiligenkraut verträgt keine Stau- und Winternässe und ist nicht vollständig frosthart, sodass sich ein trockener, geschützter Standort sowie Winterschutz empfiehlt. Sehr wohl fühlt es sich in durchlässigen Stein-, Kies- oder Kräutergärten, im lockeren Verbund mit Lavendel, Salbei oder Katzenminze. Das schnittverträgliche Kraut macht sich auch gut als niedrige Einfassungshecke in Grau.

Rotbraune Fetthenne

Sedum telephium 'Matrona' u. a.
Farbe: purpurrot u. a.
Höhe: 60–70 cm
Sonne
sommergrün

Eine bewährte, robuste Staude für trocken-warme Standorte. Sie zeichnet sich durch ihr sukkulentes, purpurrot gefärbtes Laub aus. Schon die knospigen grünen Dolden bilden eine hübsche farbliche Ergänzung zum Laub, noch bevor sich die auch bei Insekten sehr beliebten rosafarbenen Blüten im Spätsommer öffnen. Andere Sorten zeigen bläuliches, taubengraues oder gar dunkelrotes Laub.
Zuletzt bieten die Pflanzen bis weit in den Winter einen attraktiven Anblick. Sehr hübsch ergänzen sie sich mit Perlkörbchen, Blau-Schwingel und anderen Gräsern.

Fetthenne 'Matrona'

Woll-Ziest 'Silver Carpet'

Woll-Ziest

Stachys byzantina
Farbe: silbrig
Höhe: 10–30 cm (Blüten: bis 60 cm)
Sonne
wintergrün

Eine bezaubernde Bauerngartenstaude, die das Beet mit einem silbrigen Teppich und nostalgischem Charme überzieht. Der Woll-Ziest wünscht einen trockenen Boden, bei Nässe neigen seine flauschigen Blätter zum Faulen. Ohne zu wuchern, breitet sich der Bodendecker gemächlich im Steingarten, Steppenbeet oder in der vollsonnigen Rabatte aus. Sehr ansprechend wirkt er in Gesellschaft von Schwingel-Arten (*Festuca*), Blaustrahlhafer oder anderen trockenheits-liebenden Gräsern. Oder man lässt die flauschigen Blätter um rosa blühende Rosen schmeicheln.

Glücksklee 'Quadrifolium Purpureum'

Klee

Trifolium-Sorten, *Oxalis triangularis*
Farbe: rote Zeichnung
Höhe: 15–20 cm
Sonne bis Halbschatten
sommergrün

Es ist kein Zufall, dass die charakteristischen Blätter als Glücksbringer gelten, denn die zusammengesetzten Herzchen sehen einfach bezaubernd aus. Der Vierblättrige „Schoko"-Klee (*Trifolium* 'Quadrifolium Purpureum') fügt noch einen weiteren Schmuckeffekt hinzu, wenn die aufrecht gestielten, dunkel purpurbraunen Blätter durch einen grünen Rand besonders auffällig werden. Manche Formen des Sauerklees (*Oxalis*) wiederum weisen eine Art bräunlichen Mittelkreis auf, bei 'Black Velvet' sind die Blätter purpurn und bei 'Frosted Jade' silbrig-grau überhaucht.

Weitere Stauden mit gefärbtem Laub

- Stachelnüsschen (*Acaena microphylla*) 'Kupferteppich': braunrot
- Papageienblatt (*Alternanthera* sp.): rotblättrig
- Gänsekresse (*Arabis ferdinandi-coburgii*) 'Variegata': panaschiert
- Sterndolde (*Astrantia major*) 'Sunningdale Variegated': panaschiert
- Filziges Hornkraut (*Cerastium tomentosum*) 'Silberteppich'
- Silberkerze (*Cimicifuga simplex,* Syn. *Actaea*) 'Brunette', 'Atropurpurea': dunkelrot
- Maiglöckchen (*Convallaria majalis*) 'Striata': gestreift
- Alpenveilchen (*Cyclamen hederifolium*): silbrig gefleckt
- Lilientraube (*Liriope muscari*) 'Variegata', 'Gold Banded': gestreift
- Federmohn (*Macleaya microcarpa*): blaugrau
- Katzenminze (*Nepeta faassenii*): graulaubig
- Himmelsleiter (*Polemonium caeruleum*) 'Blanjou': weiß panaschiert
- Salomonssiegel (*Polygonatum odoratum*) 'Variegatum', 'Striatum': panaschiert
- Beinwell (*Symphytum × uplandicum*) 'Variegatum': panaschiert
- Königskerze (*Verbascum bombyciferum*): silbrig-grau

Papageienblatt

Gräser

Gräser blühen zwar auch, doch weil ihren Blüten die Farbe fehlt, gelten sie von vornherein als Blattpflanzen. Man kommt nicht um diese Pflanzengruppe herum, wenn man ein harmonisches Bild im Garten gestalten will. Die Horste tragen einen ganz eigenen Charakter in die Pflanzungen – leicht und elegant. Wenn die überwiegend schmalen, linealischen Blätter außergewöhnliche Färbungen aufweisen, fallen sie noch mehr ins Auge – ihre Ausstrahlung wird noch intensiver.

Die Höhenangaben bei den Porträts beziehen sich auch hier auf die Laubhorste; diese werden von den vorübergehend erscheinenden Blüten manchmal deutlich überragt.

Japanisches Blutgras (*Imperata*) 'Red Baron'

Blau-Schwingel

Festuca glauca
Farbe: blau
Höhe: 30 cm
mehrjährig
wintergrün

Der Blau-Schwingel zählt zu den beliebtesten Gartengräsern. Sein Sortenspektrum umfasst Farbvariationen von Meergrün bis Stahlblau. Die halbkugeligen Horste erwarten einen trockenen, durchlässigen und mageren Boden, den sie in Stein-, Kies- oder Steppengärten finden. Je karger der Boden, umso langlebiger sind die Gräser und umso intensiver färben die schmal linealischen Blätter aus.

Blau-Schwingel als Rosenbegleiter

Japan-Goldbandgras 'Aureola'

Japan-Goldbandgras

Hakonechloa macra 'Aureola'
Farbe: gelb-grün
Höhe: 30–40 cm
mehrjährig
sommergrün

Das gelbgrüne Blattwerk des bogig übergeneigten Horstes nimmt im Herbst eine aparte rötliche Färbung an. Das Japangras liebt warme, lichtschattige Lagen in frischem, nährstoffreichem Gartenboden. Im tiefen Schatten vergrünt es teilweise. Junge Pflanzen sind etwas frostgefährdet und deshalb im rauen Winter dankbar für eine Reisigabdeckung.
Die leuchtkräftigen, bambusähnlichen Blattschöpfe lassen sich herrlich mit blaulaubigen Funkien kombinieren. Die Sorte 'Albostriata', auch als Silberbandgras bezeichnet, zeigt auf den Blättern weiße Streifen. 'Naomi' ist cremeweiß gestreift, im Herbst zu Purpurrot changierend, während 'Nicolas' mit zauberhaften orangeroten Blattspitzen aufwartet.

Blaustrahlhafer

Helictotrichon sempervirens
Farbe: blau
Höhe: 40 cm
mehrjährig
wintergrün

Die Schönheit dieses Grases beruht auf seinen vielstrahligen Horsten, die sich aus sehr schmalen, blaugrünen Blättern zusammensetzen. Dazu kommen die elegant geneigten Blütenrispen, die sich im Sommer etwa 1,20 m hoch über dem Schopf im Wind wiegen.
Dem Blaustrahlhafer kann es kaum zu sonnig sein. Am besten gedeiht er im durchlässigen Boden einer Stein- oder Steppenanlage. Zwischen silberlaubigen Partnern wie Woll-Ziest, Perlkörbchen (*Anaphalis*) oder Lavendel strahlt der Hafer besonders eindrucksvoll.

Blaustrahlhafer

Rutenhirse 'Rotfederbusch'

Rutenhirse

Panicum virgatum in Sorten
Farbe: rot
Höhe: 60–120 cm
mehrjährig
wintergrün

Das Sortenspektrum der Rutenhirse umfasst viele attraktive Sorten, von denen einige mit einer spektakulären Herbstfärbung im oberen Blattdrittel beeindrucken. Hervorzuheben ist die Sorte 'Rotstrahlbusch' (früher 'Hänse Herms') mit ihrem flammenden Kupferrot, auch 'Rehbraun' wechselt zu diesem Herbstton, oder 'Shenandoah', deren Blätter sich schon ab Juli in ein prachtvolles Bordeauxrot tauchen. Zur Schmuckwirkung tragen später auch die schleierartigen Blütenrispen und Fruchtstände bei. Rutenhirse fühlt sich in sonnig-warmer Lage wohl und lässt sich bestens als Struktur- und Auflockerungspflanze im Staudenbeet oder in Präriepflanzungen einsetzen.

Afrikanisches Federborstengras

Dieser Exot bildet Horste aus filigranen, dunkelrot gefärbten Blättern. Im August erscheinen die dekorativen, langgezogenen Blütenähren und bilden in ihren helleren Rottönen einen feinen Kontrast zum Laub. Die Pflanze ist bei uns leider nicht winterhart und wird einjährig verwendet. Im sonnigen Steingarten, in trockenen Rabatten und exotischen Sommerblumenpflanzungen macht das Gras eine glänzende Figur, vor allem zwischen frischgrünen oder silberlaubigen Nachbarn.

Ähnlich: *Pennisetum* × *advena* 'Fireworks'

Federborstengras 'Rubrum'

Pennisetum × advena 'Rubrum'

Farbe: rot
Höhe: 60–80 cm
einjährig

Weitere blattbunte Gräser

- Goldleistengras (*Spartina pectinata*) 'Aureomarginata'
- Purpur-Liebesgras (*Eragrostis spectabilis*) 'Purple Love Grass'
- Honiggras (*Holcus mollis*) 'Albovariegatus'
- Japanisches Blutgras (*Imperata*) 'Red Baron'
- Zebra-Chinaschilf (*Miscanthus sinensis*) 'Zebrinus', 'Strictus'
- Pfeifengras (*Molinia caerulea*) 'Variegata'
- Afrikanisches Lampenputzergras (*Pennisetum* × *advena*) 'Sky Rocket'
- Rohr-Glanzgras (*Phalaris arundinacea*)

Andere Stauden mit grasartigem Laub:

- Kalmus (*Acorus*)
- Schwertlilie (*Iris pallida*)

Gehölze

Gehölze können aufgrund ihrer Größe den Charakter ganzer Gartenbereiche bestimmen. Doch Gehölz ist ja nicht gleich Gehölz: Vom mächtigen Großbaum bis hin zum beetgeeigneten Zwergstrauch gibt es alle Variationen für unterschiedlichste Verwendungszwecke. In diesem Kapitel werden natürlich nur gartengeeignete Sorten vorgestellt, unterteilt in laubabwerfende und immergrüne Laubgehölze.

LAUBABWERFENDE GEHÖLZE

Roter Schlitz-Ahorn

Acer palmatum
'Dissectum Atropurpureum'
Farbe: rot
Höhe: 1–2 m
laubabwerfend

Mit seiner malerisch geschwungenen, halbkugeligen Silhouette und seinen tief und fein geschlitzten Blättern ist dieser Ahorn ein besonderes Schmuckstück. Die zunächst braunrote Färbung der Blätter entflammt im Herbst feuerrot.
Seine Reize präsentiert das Bäumchen am besten in Einzelstellung. Bevorzugt werden durchlässige, frische und leicht saure Böden. Seine schöne Wuchsform macht Schnittmaßnahmen überflüssig.

Acer palmatum 'Atropurpureum'

Acer negundo 'Variegatum'

Silber-Eschen-Ahorn

Acer negundo **'Variegatum'**
Farbe: grün-weiß
Höhe: 5–7 m
laubabwerfend

Dieser anspruchslose Kleinbaum lockert mit unregelmäßig weiß gerandeten oder gefleckten Blättern den Garten auf, insbesondere dunkle Bereiche. Hübsch anzusehen ist auch der leicht rosafarbene Laubaustrieb. Als Solitär vor dunklem Hintergrund kann der Silbereschen-Ahorn seine Leuchtkraft voll ausspielen. Er macht sich aber auch in lockeren Gehölzgruppen sehr gut, beispielsweise im Farbspiel mit einer rotlaubigen Blut-Pflaume oder Blut-Hasel.

Rote Zwerg-Berberitze

Berberis thunbergii
'Atropurpurea Nana'
Farbe: rot
Höhe: bis 60 cm
laubabwerfend

Der gedrungen wachsende Strauch sollte möglichst sonnig gepflanzt werden, denn im Schatten neigen die dunkelroten Blättchen zum Vergrünen. Seine gelben Blüten setzen im Juni einen reizvollen Kontrast, im Herbst lässt er sein Blattwerk leuchtend rot aufblitzen.
Gut als niedrige, dornige Hecken- oder Einfassungspflanze geeignet. Im Steingarten überzeugt der Zwergstrauch auch in Einzelstellung.

Blut-Berberitze

Cornus kousa 'Goldstar'

Gelbbunter Hartriegel

Cornus alba 'Spaethii' u. a.
Farbe: gelb-grün
Höhe: 2–3 m
laubabwerfend

Der hohe Zierwert dieser Variante liegt in den goldgelb gerandeten Blättern und dem gelb bis leuchtend orange getönten Herbstkleid. In gefälligem Kontrast dazu steht die rote Rinde, deren Leuchtkraft sich durch regelmäßigen Verjüngungsschnitt erhalten lässt.
An den Standort stellt der Hartriegel keine besonderen Ansprüche, zugunsten des Farbspiels sollte man aber einen sonnigen Platz wählen. Ein Allrounder, der in gemischten Hecken, lockeren Gruppen und in Einzelstellung eine farbenfrohe Figur macht!
Ebenso gelbe bzw. weiße Panaschierungen zeigen Sorten wie 'Cream Cracker', 'Elegantissima' oder 'Sibirica Variegata', die Sorte 'Aurea' trägt gelbes Laub.

Roter Perückenstrauch

Cotinus coggygria 'Royal Purple'
Farbe: dunkelrot
Höhe: 2–3 m
laubabwerfend

Seinen deutschen Namen verdankt dieser locker und ausladend wachsende Strauch den bizarren roten Fruchtständen, die wie wollige Perücken aussehen. Seine eirunden Blätter glänzen in einem tiefen Schwarzrot, bevor sie im Herbst etwas aufhellen. Die in Südeuropa beheimatete, sonnenhungrige Pflanze wirkt mitunter etwas fremdartig, weshalb man ihr gerne einen Einzelplatz zugesteht. Zusammen mit weiß oder gelb panaschierten Gehölzen lässt sie sich aber auch reizvoll kombinieren.

Perückenstrauch 'Royal Purple'

Blut-Pflaume

Blut-Pflaume

Prunus cerasifera 'Nigra'
Farbe: dunkelrot
Höhe: 5–8 m
laubabwerfend

Noch vor dem Laubaustrieb hüllt sich die Blut-Pflaume in ein Meer aus rosafarbenen Blüten. Dann aber übernehmen die kräftig dunkelroten, leicht metallisch glänzenden Blätter die Zierwirkung. Die meist strauchig wachsende Pflaume wirkt besonders attraktiv vor hellen Fassaden oder in lockeren Gruppen weiß blühender Gehölze wie Kupfer-Felsenbirne, Deutzie oder Spiere.

Harlekin-Weide

Harlekin-Weide

Salix integra **'Hakuro Nishiki'**
Farbe: grün-weiß-rosa
Höhe: 1–3 m
laubabwerfend

Die Harlekin-Weide ist ein rasch wachsender, dichtbuschiger Strauch, der – wie der Name vermuten lässt – aus Ostasien stammt. Als veredeltes Stämmchen fand diese Sorte Einzug in viele unserer (Vor-)Gärten. Ihre lanzettlichen Blätter sitzen an leicht überhängenden Trieben und zieren mit einer weiß-rosafarbenen Sprenkelung, die den Eindruck einer ausdauernden und üppigen Blütenpracht vermittelt. Die eigentlichen Blütenkätzchen sind eher unscheinbar.

Die Weide kommt in jedem Gartenboden zurecht, ist frosthart und sollte regelmäßig in Form geschnitten werden, damit sie nicht unansehnlich verwildert. Je sonniger der Standort, desto intensiver die Blattfärbung. Sie ist eine ausgesprochene Solitärpflanze für kleine Gärten und Rabatten, die als Stämmchen auch im Kübel die Blicke auf sich zieht.

Rotlaubiger Schlitz-Holunder

Die fein und tief geschlitzten Blätter dieses Holunders glänzen tief dunkelrot, manchmal wirken sie fast schwarz. Vor diesem Hintergrund stechen die großen rosaweißen, schirmartigen Blütenrispen umso kräftiger hervor. Im Herbst entstehen daran schwarzviolette Beeren, die wie beim heimischen Holunder essbar sind. Der außergewöhnliche Zierstrauch wächst anspruchslos auf locker-humosem Boden, auch noch im Halbschatten. In Kombination mit anderen Heckengehölzen mit hellerem Laub entstehen aufregende Kontraste.

Zumindest farblich wäre der Kanadische Gold-Holunder (*S. canadensis* 'Aurea') mit seinem leuchtend goldgelbgrünen Laub ein passendes Pendant. Seine Blätter sind nicht geschlitzt, aber gefiedert und seine Beeren rot; ansonsten aber ähnelt er in Wuchs und Ansprüchen dem nahen Verwandten.

Holunder 'Black Lace'

Weitere buntlaubige Gehölze

- Roter Judasbaum (*Cercis canadensis*) 'Forest Pansy': kräftig rot, später violett
- Blut-Hasel (*Corylus maxima*) 'Purpurea': rotlaubig
- Sanddorn (*Hippophae rhamnoides*): silbergraues Laub, orangefarbene Früchte
- Blauraute (*Perovskia abrotanoides*): graugrün
- Skimmie (*Skimmia japonica*) 'Mystic Martlot': weiß panaschiert
- Spiere (*Spiraea japonica,* Syn. *S. bumalda*) 'Goldflame': gelbes Laub

***Sambucus nigra* 'Black Lace', 'Black Beauty', 'Black Tower' u. a.**

Farbe: dunkelrot
Höhe: 3–4 m
laubabwerfend

IMMERGRÜNE LAUBGEHÖLZE

Buchsbaum

***Buxus sempervirens* in Sorten**
Farbe: weiß-grün, gelb-grün
Höhe: 50–150 cm
immergrün

Die panaschierten Varianten des Buchsbaums bleiben deutlich niedriger als die Art, ziehen aber jeden Blick auf sich. Es gibt weißbunte Sorten (z. B. 'Argenteovariegata', 'Elegantissima') und gelbbunte ('Aureovariegata', 'Latifolia Maculata'). Sie lassen sich ebenso gut formieren wie der große grüne Bruder und geben eine lebendige Kleinhecke oder Beeteinfassung ab. Aufgrund ihres extravaganten Farbspiels eignen sie sich auch vorzüglich als Solitärgehölz, das am besten vor dunklem Hintergrund zur Geltung kommt.

Buchsbaum 'Elegantissima'

Kriechspindel 'Emerald'n Gold'

Kriechspindel

***Euonymus fortunei* in Sorten**
Farbe: weiß-grün, gelb-grün
Höhe: 0,5–5 m (kletternd)
immergrün

Die Kriechspindel kann sowohl dichte immergrüne Teppiche bilden als auch mit Haftwurzeln klettern, sobald sie auf Wände oder Baumstämme stößt. Mit blattbunten Sorten setzt sie ganzjährig leuchtkräftige Akzente: z. B. 'Emerald'n Gold' mit gelb gerandeten, teilweise sogar vollständig gelben Blättern, oder 'Emerald Gaiety' und 'Gracilis' mit weiß panaschiertem Laub. Das robuste Gehölz wird meist als Bodendecker oder Wandschmuck eingesetzt, eignet sich aber auch gut als Beeteinfassung. Die buntblättrigen Formen sind schwachwüchsig und daher gut in kleinräumige Gartenbereiche zu integrieren.

Stechpalme

Ilex in Arten und Sorten
Farbe: gelb-grün
Höhe: je nach Sorte 1–5 m
immergrün

Aus dieser Gattung faszinieren vor allem die gelbbunten Formen. Die großblättrige *Ilex × altaclarensis* 'Golden King' präsentiert sich mit fast dornenlosen und goldgelb gerandeten Blättern und einer stattlichen Höhe von über 3 m als wertvoller Solitärstrauch. Die Japanische Stechpalme *I. crenata* 'Golden Gem' wird kaum höher als 1 m und sorgt mit gelbgrüner Belaubung für Farbtupfer. Die weißbunte *I. aquifolium* 'Argentea Marginata' wird gerne für Adventskränze verwendet.
In rauen Lagen sind buntlaubige Stechpalmen dankbar für einen vor Wintersonne geschützten Platz und eine Mulchdecke, die vor Austrocknung schützt.

Ilex × altaclarensis 'Golden King'

Gold-Liguster

Gold-Liguster

***Ligustrum ovalifolium* 'Aureum'**
Farbe: gelb-grün
Höhe: 2–3 m
wintergrün

Der Gold-Liguster glänzt bis tief in den Winter hinein mit einem Blattkleid aus gelb gerandeten und vollständig gelben Blättern. Um eine möglichst intensive Ausfärbung zu erreichen, wählt man einen Platz in voller Sonne. Diese Sorte ist genauso schnittverträglich wie die Stammform, aber etwas schwachwüchsiger und empfindlicher. In rauen Lagen ist ein geschützter Standort empfehlenswert. Das leuchtende Gehölz lässt sich zu einer heiteren Hecke formieren oder zur farblichen Auflockerung im grünen Allerlei verwenden.

Weiteres immergrünes Gehölz mit buntem Laub

- Goldblatt (*Aucuba japonica*) 'Variegata': gelb gesprenkelt, beschränkt winterhart

Farbliche Höhepunkte im Herbst

Im ersten Kapitel haben wir uns bereits damit beschäftigt, wie sich das Erscheinungsbild des Laubs im Laufe des Jahres verändert. Dabei stößt man unweigerlich auf die überwältigenden herbstlichen Farbenspiele.

Die Ursache dieser Erscheinungen liegt in den Stoffwechseländerungen der überwinternden Pflanzen vor Beginn der Frostperiode. Zum Beispiel fördert die herbstliche Sonne die Umwandlung von Zucker in sogenannte Anthocyane: Diese Pigmente sind intensiv purpur- bis scharlachrot gefärbt. Andere Abbaurückstände nehmen eine gelbe Färbung an. Da diese Vorgänge zudem das nahende Ende der Vegetationsperiode ankündigen, geht das gesamte Schauspiel mit einem erhabenen Gefühl der Vergänglichkeit einher.

Sie würden daher auf ein wichtiges Requisit verzichten, wenn Sie bei der Auswahl der Pflanzen für den Garten nicht auch auf die jeweilige Herbstfärbung und deren Wirkung achten würden. Am größten ist die natürlich bei den Gehölzen – allein aufgrund ihrer Größe, mit der sie das Bild des Gartens nachhaltig prägen. Zudem wird ihr dekoratives Erscheinungsbild während dieser Phase häufig durch schwarze, rote oder blau bereifte Beeren unterstützt.

Da sich die Farbspiele alle in einem Spektrum bewegen, kommt es häufig auf die Platz- und Standortverhältnisse an, um die passende Auswahl zu treffen. Lassen Sie sich in Ihrem Gartencenter beraten!

Pflanzen mit auffälliger Herbstfärbung

Einige der schönsten Herbstfärbungen finden sich bei Ahorn, Berberitze, Felsenbirne, Hartriegel und Schneeball, aber auch bei vielen weiteren Gattungen.

Laubgehölze

- Feld-Ahorn (*Acer campestre*): gelb
- Fächer-Ahorn (*Acer palmatum*): gelb
- Japan-Ahorn (*Acer japonicum* 'Aconitifolium'): dunkles Karminrot
- *Acer japonicum* (*shirasawanum*) 'Aureum': intensiv goldgelb
- Französischer Ahorn (*Acer monspessulanum*): leuchtend gelb
- Rostbart-Ahorn (*Acer rufinerve*): orange bis rot
- Feuer-Ahorn (*Acer tataricum* subsp. *ginnala*): karminrot
- Felsenbirne (*Amelanchier laevis, A. lamarckii*): gelb/orange/karminrot

Herbstfärbung der Zaubernuss

- Berberitze (*Berberis julianae, B. vulgaris*): leuchtend rot
- Gemeine Berberitze (*Berberis vulgaris*): gelb-orangerot
- Katsurabaum (*Cercidiphyllum japonicum*): gelborange
- Roter Blumen-Hartriegel (*Cornus florida*): purpurn bis rot
- Japanischer Blumen-Hartriegel (*Cornus kousa*): scharlachrot, orangepurpurn
- Roter Hartriegel (*Cornus sanguinea*): gelb-orange/rot/violett
- Haselnuss (*Corylus avellana*): goldgelb
- Pflaumenblättriger Weißdorn (*Crataegus × persimilis*): gelb/orange/rot
- Flügel-Spindelstrauch (*Euonymus alatus*): karminrot
- Pfaffenhütchen (*Euonymus europaeus*): orange/rot
- Flachstieliger Spindelstrauch (*Euonymus planipes*): gelb/orange/rot
- Zaubernuss (*Hamamelis intermedia, H. mollis*): gelb-orange-rot; Abfolgen von Rot-Orange-Gelb; gelborange
- Traubenheide (*Leucothoe fontanesiana*): bronze- bis weinrot
- Amberbaum (*Liquidambar*): gelb, orange, rot bis purpurn
- Mahonie (*Mahonia aquifolium*) 'Apollo', 'Atropurpurea': purpurn bis dunkelrot; bronzerot
- Heiliger Bambus (*Nandina domestica*): gelb/orange/purpurn
- Zierkirschen (*Prunus* sp.): gelb oder rot
- Essigbaum (*Rhus typhina*): gelborange bis leuchtend rot
- Eberesche (*Sorbus aucuparia*): gelborange, ziegelrot
- Gewöhnlicher Schneeball (*Viburnum opulus*): intensiv rot
- Japanischer Schneeball (*Viburnum plicatum*): violett-purpurn, dann orange

Nadelgehölze

- Gold-Lärche (*Larix decidua, L. kaempferi*): gelb
- Ginkgo (*Ginkgo biloba*): gelb

Durch ihren vertikalen Wuchs sind außerdem einige Kletterpflanzen interessant. Die Kletter-Hortensie beispielsweise ist wegen ihrer Blüte, aber auch mit ihren Herbstfarben ein empfehlenswertes Rankgehölz für Nordwände.

Die Jungfernreben (*Parthenocissus quinquefolia, P. tricuspidata*) nehmen mit ihrem spektakulären Farbenspiel eine Sonderstellung ein. Die Blätter dieser Kletterpflanzen färben sich im Herbst, bevor sie abgeworfen werden, spektakulär gelb und rot. Es sind sogar Sorten im Handel, die sich unter anderem durch die Blattfärbung im Austrieb abheben und im Herbst eine besondere Tönung aufweisen.

Klettergehölze

- Kletter-Hortensie (*Hydrangea petiolaris*): gelb
- Wilder Wein (*Parthenocissus*): gelb/orange/rot/braun
- Wein (*Vitis vinifera* 'Purpurea', *V. coignetiae*): anfangs rot, später purpurn bzw. leuchtend orange

Neben solchen Gehölzen durchlaufen auch einige Stauden und Halbsträucher attraktive Laubfärbungen.

Stauden und Halbsträucher

- Bergenie (*Bergenia cordifolia*): metallisch bis bräunlich rot
- Bleiwurz (*Ceratostigma plumbaginoides*): orange oder kupferrot
- *Fuchsia magellanica* 'Aurea': rot

Prägende Pflanzengestalten

Farbe ist nicht alles! Oft sind es schon die Formen sowohl der einzelnen Blätter als auch deren Anordnung, an denen sich das Auge erfreuen kann. Die Pflanzenwelt hält zahlreiche originelle Gestalten bereit.

Dekorative Blattformen

Die äußere Gestalt der Pflanzen, also deren Wuchsformen, tragen wesentlich zur Struktur des Gartens bei. Doch sie werden nur in beschränktem Umfang individuell wahrgenommen – am eindrücklichsten noch nach formierenden Kulturmaßnahmen. Und sie wirken eher selten selbst dekorativ.

Die Blätter hingegen bilden die Oberfläche, sozusagen das Kleid jeder Pflanze. Ihr Erscheinungsbild wandelt sich im Laufe des Jahres, und damit sprechen sie uns sowohl mit ihrer Schönheit als auch durch einen gewissen Symbolgehalt emotional an. Selbst in den Fällen, wo sie sich nicht durch ihre Farbe deutlich hervorheben.

FREUDE AN WIEDERERKENNBAREN MUSTERN

Generell ist festzustellen, dass Laub besonders in großen Mengen eine beruhigende Wirkung auf den Menschen ausübt. Das kennt bei uns jeder von Spaziergängen in Wald und Flur. Im Einzelnen jedoch können die Wirkungen höchst unterschiedlich sein. Großflächiges, rundes Laub beispielsweise erzeugt eine sehr urwüchsige Atmosphäre, im Grundton friedlich, ruhig bis beinahe paradiesisch. Im Gegensatz dazu können länglich spitze Blätter eher unruhige, nahezu kriegerische Assoziationen wecken, insbesondere wenn sie bewehrt sind. Für eine Pflanzung muss das überhaupt nicht von Nachteil sein: Solche Elemente lassen ein ansonsten eher behäbiges Bild lebhafter wirken. Dasselbe gelingt mit kleinlaubigen Pflanzen, die dem Auge kaum Ruhepunkte bieten.

Besonderen Spaß hat der Betrachter häufig, wenn er in Blättern und anderen Pflanzenorganen scheinbar bekannte Formen wiedererkennt. Am besten lässt sich dies an den lebhaften Reaktionen von Kindern beobachten. Am Ufer des Gartenteichs beispielsweise wächst ein Kraut, dessen Blätter frappant an Pfeilspitzen erinnern (Pfeilkraut). Die aufrechten Blätter der Iris hingegen gleichen einer anderen Waffe, nämlich einem Schwert. Die komplette Gattung Fingerkraut (*Potentilla*) trägt die Handform im Namen. Elfenblume, Kaukasusvergissmeinnicht und Katsurabaum können sich mit der ebenso symbolträchtigen wie beliebten Herzform brüsten, in weiterem Sinn auch Bergenien oder Funkien. Oder Haselwurz und Sumpfdotterblume: Die beiden zeigen, dass die Nierenform sehr lieblich wirken kann.

Es gäbe noch unzählige weitere Beispiele für Formen – von Eiern über Löffel zu Fächern usw. –, die eine solche Wiedererkennungsfreude hervorrufen. Es wäre allerdings falsch daraus zu folgern, dass der Mensch auf alle anderen, abstrakteren Formen nicht auch emotional reagieren kann.

DER KOMPLEXE BEGRIFF DER TEXTUR

Wenn es um die Eigenschaften der Pflanzen geht, jenseits von Blüten und Farben, dann verwendet der Gartengestalter gerne den Begriff Textur. Der Laie vermischt ihn häufig mit dem Begriff der Struktur. Letzterer trifft aber genau genommen im Garten nur zu, wenn es um das Gerüst, also den inneren Aufbau einer Pflanze, oder aber um die räumliche

Gliederung und die Silhouetten der jeweiligen Pflanzengruppe im Gartenraum geht.

Die Übergänge zwischen Textur und Struktur sind teilweise fließend. In diesem Buch soll bevorzugt von den einzelnen Pflanzen und ihren Texturen die Rede sein. Weil man sie nicht bewusst auf den ersten Blick wahrnimmt, wird ihre Bedeutung für ein gelungenes Gartenbild häufig unterschätzt. Textur bezeichnet im engeren Sinn die Beschaffenheit einer Oberfläche, die Struktur eines zweidimensionalen Gewebes.

Im Hinblick auf die gestalterische Wirkung sind einige Eigenschaften von Laub und Pflanzengestalt gemeinsam zu berücksichtigen; die Oberfläche ist dabei nur ein Merkmal unter mehreren. Im Wesentlichen geht es um das Zusammenspiel von Größe, Form (rund oder länglich?) und Zuschnitt (geschlossene Fläche oder gefiedert) der Einzelblätter sowie deren Anordnung und Dichte. Bei großen Blättern mit ungeteilter Fläche, wie die von Kaukasusvergissmeinnicht oder Schaublatt, sprechen wir von einer **groben Textur**. Bei Federmohn (*Macleaya*) und Kürbis führen die großen Blätter mit einer deutlichen Lappung zu einer besonders interessanten Erscheinung: Die Üppigkeit solcher Arten entfaltet ein exotisches, nahezu tropisches Flair.

Dem stehen eher zierliche Pflänzchen mit kleiner, dichter Belaubung, wie Thymian, *Muehlenbeckia* oder Fiederpolster (*Leptinella squalida*) gegenüber, oder Farne mit ihren verspielt wirkenden, federartigen Blättern. Hier spricht man von sehr **feiner Textur**. Die Grasnelke oder echte Gräser mit schmalen, spitz zulaufenden Blättern strahlen dabei eine etwas steife Eleganz aus. Sogar recht imposante Gestalten wie Purpur-Fenchel, Sommerzypresse (*Kochia*) und Weidenblättrige Sonnenblume können aufgrund ihres filigranen Laubs sehr zartgliedrig wirken. Unter den Gehölzen entsprechen *Lonicera nitida, Ilex crenata* 'Stokes', *Berberis buxifolia* 'Nana' sowie der Buchs einer feinen Textur. Solche Arten schaffen eine lebendige, beschwingte Atmosphäre. Natürlich gibt es zwischen „sehr fein" und „sehr grob" eine Menge Abstufungen.

Eine besondere Rolle spielen wachsige, glatt glänzende Blattoberflächen. Durch Lichtreflexe können sich solche Blätter optisch in den Vordergrund drängen. Mithilfe dieses Effekts lässt sich sogar in schattigen Lagen eine lebendige „Regenwald"-Atmosphäre schaffen.

Schildblatt und Fächer-Ahorn 'Dissectum Atropurpureum'

Charakteristische Wuchsformen

Der Habitus, also das gesamte Erscheinungsbild der Pflanzen, ist sehr individuell; so manche Art kann der geübte Pflanzenfreund schon aus der Ferne daran erkennen. Durch die Art, wie sie ihre Blätter dem Sonnenlicht entgegenstrecken, entstehen charakteristische Silhouetten.

Darüber hinaus gibt es aber auch klassische Wuchsformen, denen sich viele Pflanzen zuordnen lassen und die sich für bestimmte Standorte und Zwecke einsetzen lassen.

Cornus controversa 'Variegata' bildet ausgeprägte Laub-Etagen.

RUNDLICHE POLSTER UND FLÄCHENDECKER

Im Bereich der Stauden einschließlich Gräsern treffen wir häufig auf die sogenannten **Horste**. So bezeichnet man die mehr oder weniger aufragenden, geschlossenen Triebbüschel, die an der Stelle ihres Wurzelstocks aus dem Boden sprießen. Manche dieser Horste bilden halbkugelige Polster (z. B. Frauenmantel, Gold-Wolfsmilch). Einige kleinwüchsige Gehölze (z. B. Buchs, Zwerg-Fichten) entwickeln sogar vollrunde Kugelformen.

Wenn die Blatttriebe über keine Stängel verfügen, entstehen flach dem Boden aufliegende **Rosetten**. Diese Blattkreise sehen oft zauberhaft aus und wirken dabei so geometrisch, dass man sie für formale Effekte nutzen kann. Die sukkulenten Rosetten der (leider nicht winterharten) Echeverien z. B. werden gerne für niedrige Randpflanzungen verwendet.

Das pure Gegenteil der einzelnen Staudenhorste sind Stauden, die auf oder unter der Erdoberfläche Ausläufer bzw. kriechende Rhizome treiben und sich so im Laufe der Zeit ausbreiten. Das sagt aber noch nichts über die Wuchsform aus. Zwar geben niedrige **ausläufertreibende** Arten wie Thymian oder Teppich-Knöterich die besten Bodendecker ab, aber es gibt auch hoch aufrechte Arten, die sich auf diese Weise flächig ausdehnen.

GEOMETRISCHE GEHÖLZ-GESTALTEN

Manche Bäume wie *Prunus sargentii*, Magnolie, Trompetenbaum oder Pinie bilden charakteristische **Laubdächer**. Einige, wie

Ihre kugelige Krone passt sogar ins Beet: Zwerg-Blaufichte 'Glauca Globosa'

Zedern oder Pagoden-Hartriegel, zeichnen sich durch eine ausgeprägte **Etagenbildung** aus. Die schlanken, streng aufrechten **Säulenformen** – beispielsweise bei Koniferen wie Eibe, Scheinzypresse und Wacholder, aber auch bei Hainbuche oder Ulme – lassen sich bevorzugt für eine formale Gestaltung verwenden. Besonders großer Beliebtheit erfreuen sich Robinien- oder Spitz-Ahorn-Sorten mit relativ kleinen **Kugel-Kronen** auf mannshohen Stämmen. Wenn man solche geometrischen Gestalten beiderseits eines Wegs pflanzt, entsteht eine kleine Allee, die dem Besucher einen feierlichen, formvollendeten Empfang bereitet. Andere Gehölze wie *Picea glauca* 'Conica' bleiben **zwergwüchsig** und eignen sich auch für die Gestaltung im Beet.

Einen völlig eigenen Charakter zeigen die **Trauerformen** mit ihren kaskadenartig herabhängenden Trieben. Vertreter dieser Form finden wir z. B. bei Wacholder und (Mähnen-)Fichte; auch bei Weide, Ulme, Birke, Buche oder Esche kann man solche Pendula-Sorten antreffen. Diese Wuchstypen verbreiten ihren melancholischen Charme am besten im Einzelstand. Der „Vorhang" aus beblätterten Trieben lässt Trauerformen mitunter wie geschlossene Büsche erscheinen. **Nach dem Laubfall** dagegen fallen vor allem die senkrecht hängenden Triebe ins Auge. Und auch bei anderen Arten kommen im laublosen Zustand, während der Frostperiode, ausgeprägte Linien und Strukturen der Triebe und Äste stärker zur Geltung, z. B. straff aufrecht, schirmförmig oder auch Sonderformen wie bei der Korkenzieher-Hasel.

Nicht zuletzt erobern **Kletterpflanzen** mit unterschiedlichen Techniken Wände, Gerüste und Baumstämme und überziehen so charmant vertikale Flächen mit ihrem Laubkleid. Dies erweist sich vor allem in kleinen Gärten als hilfreich, wo für die Gestaltung wenig Raum zur Verfügung steht. Zur Auswahl stehen unter anderem Arten mit großem Laub (*Aristolochia*), attraktiver Herbstfärbung (Wilder Wein) oder auch panaschierte Sorten (bei Efeu, Kletterspindel und Hopfen). Dabei sind natürlich die Standortansprüche der Pflanze sowie die jeweilige Klettertechnik zu beachten.

Individuelle Figuren

Einige Pflanzen heben sich von vornherein positiv vom grünen Einheitsbrei ab – sei es durch die liebliche oder auffällige Form ihrer Blätter, wie bei Frauenmantel, Haselwurz und vierblättrigem Klee, oder auch durch eine eigenwillige Gesamtgestalt, wie bei Walzen-Wolfsmilch, Palmkohl oder überhängenden Rosmarin-Sorten. Wir haben sie trotz ihres teilweise recht unterschiedlichen Charakters in diesem Kapitel zusammengefasst.

STAUDEN

Das große, runde und fleischig-ledrige Blatt macht den Reiz des Riesensteinbrechs (*Bergenia*-Hybriden) aus. Viele seiner Sorten färben sich im Herbst rötlich und bleiben den Winter über ein besonderer Blickfang. Die **Bergenie** breitet sich über Rhizome langsam flächig aus, am liebsten im lichten Schatten unter Gehölzen oder im absonnigen Bereich von Mauern und Hecken. Man lässt die Blätter gerne für sich allein wirken oder kombiniert sie mit kontrastierenden Gestalten wie Gräsern, Farnen, Storchschnabel oder Astilben. Bei Sorten wie 'Eroica' oder 'Blickfang' nimmt das Laub eine rote oder rotviolette bis purpurne Färbung an, die es den ganzen Winter über behält.

Anders als die Verwandtschaft vermuten lässt, beeindruckt die **Weidenblättrige Sonnenblume** (*Helianthus salicifolius*) weniger durch ihre gelben Blüten, sondern durch ihre schmalen überhängenden Blätter an den bambusartigen, hohen aufrechten Sprossachsen.

Bergenia 'Eroica' behält die Färbung ihrer großen Blatt-Ohren sogar über Winter.

Fasziniert durch die geometrische Anordnung ihrer Blätter: die Walzen-Wolfsmilch

Auch die **Walzen-Wolfsmilch** (*Euphorbia myrsinites*) besticht mit einer ungewöhnlichen Erscheinung: Die dickfleischigen, taubenblauen Blätter ordnen sich spiralig um dicke, dem Boden aufliegende Triebe und bilden ein wintergrünes Polster mit einzigartiger Symmetrie. Einmal gepflanzt schmückt diese robuste sukkulente Art den sonnigen Steingarten über Jahrzehnte hinaus. Nahe verwandte Wolfsmilch-Arten (*Euphorbia* 'Despinas', *E. characias*) lassen sich ähnlich dekorativ einsetzen.

Die Gattung der **Elfenblumen** (*Epimedium*) mit ihren asymmetrisch herzförmigen Blättern umfasst viele wertvolle Bodendecker. Deren Färbung wechselt zudem bei vielen Sorten vom bronzefarbenen Austrieb über ein frisches Sommergrün bis hin zu einer rot überlaufenen Herbstfärbung, die üblicherweise auch den Winter über standhält. Am wohlsten fühlt sich diese Staude in lichtem Schatten und humosem Boden.

Eine vielseitig verwend- und kombinierbare Staude, die in voller Sonne genauso gedeiht wie in leichten Schattenlagen, ist der **Frauenmantel** (*Alchemilla mollis*). Er treibt üppige Horste aus fächerartig rundlichen Blättern. Bei hoher Luftfeuchtigkeit bilden glitzernde Wasserausscheidungen auf dem Blatt einen besonderen Reiz. Die dichten Horste entfalten in kleinen Gruppen wie auch flächig gepflanzt ihre ornamentale Wirkung.

Langsam, aber zuverlässig breitet in Schattenlagen die nur 10–15 cm hohe **Haselwurz** (*Asarum europaeum*) ihre glänzend grünen, nierenförmigen Blätter aus und bildet damit winter- bis immergrüne Teppiche. Im lichten Baumschatten lässt sich der Waldbewohner stimmig mit Waldgräsern und Farnen kombinieren.

Auch das frischgrüne, dreizählige Blatt und die weiße bis zartrosafarbene Frühjahrsblüte des **Wald-Sauerklees** (*Oxalis acetosella*) sind ein Lichtblick in schattigen Gartensituationen. In frischer, kalkarmer Erde bildet er mithilfe kurzer Ausläufer flache Teppiche, auch unter eingewachsenen Laub- und Nadelgehölzen. Mit Farnen, Gräsern und frühjahrsblühenden Wald-Zwiebelpflanzen (z. B. Märzenbecher, Schneeglöckchen) lässt sich der Klee zu naturnahen Bildern vergesellschaften.

Die verschiedenen Erscheinungsformen der anspruchslosen Hauswurz regen zum Sammeln an.

Hauswurz, Dachwurz

Sempervivum sp.
Farbe: je nach Art und Sorte
Höhe: 5–12 cm
immergrün

Bei unseren Vorfahren galt die Hauswurz als Beschützerin des Hauses. Ihr wurde nachgesagt, dass sie vor Blitzeinschlag bewahren soll. Heute hat die anspruchslose Pflanze zahlreiche Pflanzenliebhaber gefunden, ja ihr Formenreichtum regt sogar dazu an, die verschiedenen Arten und Sorten zu sammeln.

Die Hauswurz gedeiht auch in normalem Gartenboden, doch ihr ursprünglicher Lebensraum liegt auf trockenem und magerem sowie kalkarmem Untergrund in voller Sonne. Die Rosetten aus dickfleischigen Blättern gedeihen im Steingarten, in Mauerfugen, auf Dächern, in Trögen und Schalen und lassen sich mittels ihrer Tochterrosetten kinderleicht vermehren. Sie können unsere Winter überstehen, sterben aber nach einigen Jahren ab, nachdem sich im Sommer aus der Mitte der Blütenstand erhoben hat.

Die weit verbreitete Dach-Hauswurz (*Sempervivum tectorum*) bildet relativ große Rosetten, ihre Blätter weisen rötliche Spitzen auf. Zu den heimischen Arten gehören zudem die Berg-Hauswurz (*S. montanum*) sowie die Spinnweb-Hauswurz (*S. arachnoideum*). Ihren Namen verdankt Letztere den feinen Fadenhaaren, mit denen die Rosette überzogen ist.

Andere Sorten besitzen glatte, wachsartige oder borstige Blattoberflächen sowie unterschiedliche Färbungen, meist ins Rötliche gehend. Manche Sorten bilden sogar Muster aus abwechselnd grün und rötlich gefärbten Blättern. Es gibt etwa 30 Arten, aus denen Hunderte von Hybriden gezüchtet wurden. Hinzu kommen die *Jovibarba*-Arten, die der Laie nicht von *Sempervivum* unterscheiden kann und deshalb landläufig ebenfalls als (Fransen-)Hauswurz bezeichnet.

Ähnlich und in der Wirkung noch regelmäßiger, „architektonischer", aber blaugrau gefärbt und bei uns leider nicht ganz winterhart sind Echeverien (*Echeveria elegans, E. derenbergii*). Sie werden deshalb eher für Saisonpflanzungen eingesetzt.

KURZLEBIGE BEETPFLANZEN

Der **Wunderbaum** (*Ricinus communis*) ist in seiner tropischen Heimat ein schnell wachsender Großstrauch, bei uns wird er aber einjährig kultiviert. Mit großen, gelappten, bei manchen Sorten rötlich gefärbten Blättern und seiner mannshohen strauchigen Gestalt fügt er sich stimmungsvoll ins sommerliche Exotenbeet ein.

Die einjährige **Sommerzypresse** (*Kochia scoparia*) bildet dichte, bis zu 1,20 m hohe Büsche aus filigranen, lanzettlichen Blättern, die bei der Sorte 'Trichophylla' im Herbst von Frischgrün auf Rötlich umschlagen. Die eiförmige Pflanze eignet sich hervorragend als leitender Ruhepool inmitten eines Sommerblumenbeetes oder bunt bepflanzten Troges. Wie der gleichnamige Baum ist die Sommerzypresse schnittverträglich und deshalb gut als niedrige Hecke oder Einfassung verwendbar.

Ganz ähnlich mit grazilem, fein gefiedertem Laub, aber mit 2 m Höhe noch imposanter ist der **Haarblättrige Wasserdost** (*Eupatorium capillifolium*) 'Elegant' oder 'Elegant Feather'. Die Staude aus dem östlichen Nordamerika gedeiht auf frischen und durchlässigen Böden an sonnigen Standorten, ist aber leider oft kurzlebig. Eine fantastische Strukturstaude!

Beim **Palmkohl** (*Brassica oleracea* var. *palmifolia*) handelt es sich um eine Gemüsekohl-Varietät, die mit ihren gekrausten Blättern auf 70 cm hohem Stängel palmenartig anmutet und sich auch im Zierbeet zwischen Stauden und Sommerblumen sehen lassen kann. Auch als eigenwilliger Sonderling im Kübel ist die Gemüsepflanze, die von August bis November beerntet werden kann, ein echter Hingucker. Im Handel findet sich meist die elegante Sorte 'Nero di Toscana'.

Imposante mannshohe Figuren aus fein gefiedertem Laub: der Haarblättrige Wasserdost

Riesenblätter

Die folgenden Gartenpflanzen fallen sofort ins Auge, obwohl sie nicht mit attraktiven Blüten auf sich aufmerksam machen können: Mit ihren riesigen Blättern signalisieren diese Arten besondere Gesundheit, Wüchsigkeit und Lebenskraft. Wenn man sie geschickt kombiniert, entsteht um sie herum eine Stimmung, die an die Üppigkeit eines Urwalds erinnert. Schild- und Tafelblatt eignen sich aufgrund ihrer runden Blätter besonders gut für Dschungel-Atmosphäre, während sich Schaublatt und Zier-Rhabarber am ehesten in naturgemäße Pflanzungen integrieren lassen.

BLÄTTER MIT SCHAUEFFEKT

Die Gattung **Schaublatt** (*Rodgersia*) umfasst mehrere Arten und Sorten, die vor allem durch ihre großflächigen, gefiederten oder geteilten Blätter beeindrucken und damit Pflanzungen im lichten Schatten aufwerten. Ideal wäre zudem ein kühler Platz auf humosem, frischem und nährstoffreichem Boden. Ab Sommer werden die Horste durch relativ zarte Blütenstände überragt. Die Horste übernehmen gerne die leitende Funktion im naturnahen Waldrandbeet, umspielt von den gleichgesinnten Astilben, Elfenblumen, Funkien, Farnen und Waldgräsern.

Die Blätter des Kastanienblättrigen Schaublatts (*Rodgersia aesculifolia*) erinnern tatsächlich, ebenso wie die des etwas kleineren Fiederblättrigen Schaublatts (*R. pinnata*), an die Rosskastanie. Von letztgenanntem Schaublatt gibt es Sorten wie ‘Bronze Peacock’ mit auffällig gefärbtem Austrieb. Beim Gestieltblättrigen oder Bronze-Schaublatt (*Rodgersia podophylla*) ist das Laub spitz gelappt.

Sowohl die imposante Größe des handförmig geteilten Laubs als auch dessen Farbspiel machen den Reiz dieser Waldstaude aus. Im Austrieb zeigt sie sich bronzefarben, im Sommer vergrünt sie, und im Herbst geht so manche Sorte (z. B. *R. podophylla* ‘Pagode’) in ein prächtiges Kupferrot über.

Schnecken können den Blättern nichts anhaben. Leider braucht der Gärtner etwas Geduld, bis die Pflanze zu einem stattlichen Horst herangewachsen ist. Auf gelegentliche organische Düngergaben reagiert sie dankbar.

Früher hat man das imposante **Tafelblatt** (*Astilboides tabularis*) derselben Gattung zugerechnet. Seine riesigen schildförmigen

Blätter erreichen einen Durchmesser von 50–80 cm. Aufgrund ihres ausladenden Wuchses ist ein entsprechend großer Abstand zu den Nachbarpflanzen sinnvoll. In der frischen und luftfeuchten Lage eines lichten Gehölzschattens gedeiht auch das Tafelblatt am besten. Sehr reizvoll wirkt der Kontrast zu filigran belaubten Stauden, z. B. Astilben, Wald-Glockenblumen, Eisenhut oder Farnen.

Kastanienblättriges Schaublatt

NATÜRLICHE SCHIRME

Ausladende Horste aus rundlichen, leicht gelappten Blättern bildet das **Schildblatt** (*Darmera peltata*). Jedes Einzelblatt kann bis zu 60 cm breit werden, im Herbst tönen sie sich kupferfarben. Am halbschattigen, kühlen Standort und in lehmig-feuchter Erde breitet sich dieses stattliche Steinbrechgewächs über Ausläufer aus und bildet größere Bestände. Die Pflanze passt auch bestens an einen Teichrand oder schattigen Bachlauf.

Mit bis zu 150 cm Durchmesser kann das tief gelappte Blatt des Brasilianischen **Mammutblatts** (*Gunnera manicata*) locker einen Regenschirm ersetzen. Das Mammutblatt gedeiht auf feuchten und nährstoffreichen Böden sowohl im Halbschatten als auch in der Sonne.

Am besten kommen die gigantischen Horste in Einzelstellung zur Geltung, sei es am Teichrand oder inmitten einer ausreichend feuchten Rasenfläche. Vor dem Winter schneidet man die frostgefährdete Staude im Spätherbst radikal zurück und schützt den Wurzelstock mit einer dicken Decke aus Laub und Reisig.

Schildblatt (*Darmera*)

Mammutblatt (*Gunnera*)

AUS DER GIFTKÜCHE ODER AUS DEM KÜCHENGARTEN?

Die zweijährige **Herkulesstaude** (*Heracleum mantegazzianum*) zieht mit ihren riesigen eingeschnittenen Blättern und einer imposanten Höhe von über 3 m die Blicke auf sich. Ihre Verwendung im Garten ist aber inzwischen nicht mehr zu empfehlen: Durch starke Versamung breitet sie sich rasant aus und kann anderen Bewuchs verdrängen. Zudem enthalten alle Pflanzenteile phototoxische Substanzen – ein Hautkontakt bei Sonnenschein kann zu heftigen Entzündungen oder Verbrennungen führen. Die Vermehrung des invasiven Neophythen wurde EU-weit untersagt. Wo vorhanden, sollte man durch regelmäßiges Roden der Knollen und Entfernen der Fruchtstände seine Verbreitung verhindern.

Große, tief eingekerbte und markant geaderte Blätter bilden die raschwüchsigen Horste des **Zier-Rhabarbers** (*Rheum palmatum* var. *tanguticum*). In der Jugend zeigen sie sich rötlich getönt, später vergrünen sie. Die Staude verträgt Sonne wie auch leichten Schatten. Da der Zier-Rhabarber bis zu 2 m hoch werden kann, eignet er sich eher für größere Rabatten oder den naturnahen Gehölz- oder Teichrand. Es gibt aber auch kleinere Zierformen wie die Hybridsorte 'Ace of Hearts'.

Riesengräser

Einige Grasarten stammen aus den Steppen Asiens oder Amerikas. Und in deren Weiten konnten sich ziemlich imposante Pflanzen entwickeln; die heute bekanntesten, die auch in unseren Gärten eine Rolle spielen, sind Chinaschilf, Pampasgras und Bambus. Auch wenn sie teilweise von verspielten Blütenrispen überragt werden, erfüllen diese Riesengräser aufgrund ihrer Farbe und Gestalt doch eher die Funktion einer Struktur- oder Blattschmuckpflanze. Sie können dabei als Solitär brillieren, die umgebenden Prachtstauden verbinden oder wie Bambus ganze Hecken und Haine bilden.

IMPOSANTE STEPPENBEWOHNER

Das **Chinaschilf** (*Miscanthus sinensis*) zählt zu den prachtvollsten Gräsern unserer Gärten. Das Sortenspektrum hält vor allem mannshohe Gräser bereit, es gibt aber auch einige kleinere Wuchsformen. Die bogig überhängenden Blätter können einfarbig oder gestreift sein, schmal oder etwas breiter lanzettlich. Viele Sorten zeigen eine malerische Herbstfärbung in goldgelben oder rötlichen Tönen.

Wegen des hohen winterlichen Zierwerts wartet man mit dem jährlichen Rückschnitt bis zum Frühjahr, zumal das Laub auch als Kälteschutz fungiert. Das Chinaschilf liebt frisch-feuchte und nahrhafte Gartenböden in sonniger Lage. Am eindrucksvollsten wirkt es in Einzelstellung oder als Gerüstbildner in großen Rabatten. Dort verleiht es leuchtenden Sommer- und Herbstblühern wie Sonnenhut, Phlox, Indianernessel (*Monarda*), Rittersporn und Herbst-Astern einen stimmigen Rahmen.

Chinaschilf ‘Strictus’

CHINASCHILF-SORTE	HÖHE (LAUB/BLÜTE)	LAUB
'Ferner Osten'	120/160 cm	schöne Herbstfärbung
'Gracillimus'	150/180 cm	sehr schmal und elegant
'Kleine Fontäne'	90/160 cm	schmalblättrig
'Malepartus'	170/200 cm	flammende Herbstfärbung
'Silberfeder'	200/240 cm	goldgelbe Herbstfärbung
'Strictus'	180/220 cm	straff aufrecht, gelb-grün quergestreift
'Variegatus'	120/150 cm	straff aufrecht, weiß gestreift
'Zebrinus'	180/220 cm	überhängend, gelblich quergestreift

Auch als Sicht- und Windschutz leistet das stattliche Gras hervorragende Dienste, allen voran das Riesen-Chinaschilf (*Miscanthus × giganteus* 'Aksel Olsen'). Mit über 3 m Wuchshöhe macht es seinem Namen alle Ehre.

Die Blattschöpfe des **Pampasgrases** (*Cortaderia selloana*) mit ihren locker überhängenden, schmalen Blättern werden kaum höher als 100 cm. Was es zum Riesengras macht, sind die federbuschartigen Blütenrispen, die sich an ihren Halmen hoch über die Horste erheben.

Im warmen Halbjahr erwartet das Gras einen gleichmäßig feuchten Boden, während es im Winter möglichst trocken stehen möchte. Deshalb bindet man die Blattschöpfe im Spätherbst zusammen und packt sie in rauen Lagen mit trockenem Laub ein. Hohe Formen des Pampasgrases (z. B. 'Sunningdale Silver') wirken in Einzelstellung am besten, kompakte (z. B. 'Pumila') sind auch in lockeren Gruppen sehr reizvoll.

Auch das schmallaubige **Rohr-Pfeifengras** (*Molinia arundinacea*) erreicht seine Größe nicht mit seinem Laubbüschel, sondern durch seine grazilen, aber mannshohen Blütenstände. Besonders auffällig wird es im Herbst, wenn das Laub eine gelbe Färbung annimmt. Es gibt zahlreiche Selektionen wie 'Karl Foerster', 'Windspiel' oder 'Transparent'.

Das **Garten-Sandrohr** (*Calamagrostis × acutiflora*) zeigt eine ähnliche Gestalt, wächst aber noch stärker säulenartig aufrecht. Bekannteste Sorte: 'Karl Foerster'.

ANMUTIGE RIESEN

Obwohl die anmutigen **Bambus**-Arten allesamt aus Asien und Amerika stammen, fühlen sie sich sehr wohl in unseren Breiten. Es sind vor allem die hochwüchsigen Formen, die mit ihren elegant aufstrebenden Halmen und frischgrünen Blättern so faszinieren. Sie wachsen entweder horstig zu dichten Büschen (*Fargesia*-Arten) oder breiten sich über ein dichtes Geflecht von Rhizomen flächig aus, sodass in wenigen Jahren ein regelrechter Bambuswald entstehen kann (z. B. *Phyllostachys*- oder *Pleioblastus*-Arten). Um solche fast etwas aggressiven Wuchsformen in Schranken zu halten, empfiehlt es sich, im Boden eine Rhizomsperre einzubauen.

In Einzelstellung kommt die Eleganz und Anmut des Bambus am besten zum Tragen. Einige Arten sind jedoch kälteempfindlich und daher am besten an Mauern, Hauswänden oder in Innenhöfen aufgehoben.

Wenn man nicht aufpasst, können sich die vitalen Bambus-Arten zu ganzen Wäldchen ausbreiten.

Malerische Gräser

Mit ihren schmalen, oft auch überhängenden Blättern wirken die meisten Gräser zart und elegant, zudem lassen Licht und Reif sie zu bestimmten Zeiten besonders zauberhaft erscheinen. Weil sie größtenteils ausdauernd sind und sich gut flächig verwenden lassen, bilden sie im Garten ein wesentliches Gerüst bei der Gestaltung verschiedenster Bereiche, vom Stein- über den Wasser- bis zum Waldgarten, und stellen ein natürliches Bindeglied zwischen den blühenden Blumen und Gehölzen dar.

Mangels bunter Blüten repräsentieren Gräser – gemeinsam mit den Farnen, die sich überwiegend auf schattige Lagen spezialisiert haben – die natürlichen Struktur- und Blattschmuckpflanzen für den Garten.

Dabei spielen ihre Blüten durchaus eine wichtige Rolle: Die zarten grünen, häufig mit Grannen und anderen Haaren besetzten Organe sind vor allem bei flach stehender Sonne im Winter ein beliebter Blickfang und Fotomotiv, weil solche feinen Härchen ideale „Lichtfänger“ sind und dieses Licht in zauberhafter Weise streuen.

Deswegen nehmen viele Gräser eine Art Zwitterstellung ein: Einerseits ist es vielfach die Blüte, die den Pflanzen ihren letzten Reiz verleiht. Andererseits wirken diese Blüten wie eine selbstverständliche Fortsetzung des Laubs, weil sie sich farblich nur in Nuancen abheben und die schlanken Halme in ebenso zarte Büschel münden lassen.

RASENGRÄSER UND INDIVIDUALISTEN

Neben bekannten Wiesengräsern und Getreidearten gehören auch exotische Gewächse wie der zuvor erwähnte Bambus zu dieser Pflanzengruppe. Überdies gibt es auch kurzlebige, **ein- bis zweijährige Arten**, wie z.B. das Hasenschwanzgras (*Lagurus ovatus*), die Mähnen-Gerste (*Hordeum jubatum*) oder den Ziermais.

Traditionell am bekanntesten sind Gräser in ihren ausläufertreibenden Formen – als Rasen! Bei dieser weitverbreiteten Variante bildet das Laub einen grünen Teppich, der optisch beruhigend wirkt und sich zudem für intensive Körperkontakte anbietet – ob als weiche Unterlage für die Füße oder als Liegewiese.

Andere Arten bilden geschlossene Horste, die häufig durch ihre elegante Gestalt überzeugen. Unter ihnen gibt es Arten für fast jeden Standort: für das sonnige Blumenbeet,

Lampenputzer- und Federgräser

für die Umgebung des Gartenteichs, für den Trockenstandort, für den lichten Schatten unter Gehölzen und für vollen Schatten.

ATTRAKTIV BIS IN DEN WINTER

Die Erscheinungsform der Gräser wird oft weniger von den Blütenähren geprägt als vielmehr von den mehr oder weniger schlanken Blättern. Die Mehrzahl präsentiert sich in saftigem Grün, manche sind aber auch bläulich oder gelb gefärbt. Mit diesen gedeckten Farben und ihren grazilen Formen sind Gräser unersetzliche Integrationsfiguren zwischen den bunten Blumen im Beet.

Sobald die Frühjahrsblüher einziehen, sprießen die Halme der Gräser aus dem Boden. Doch deren Gestalten sind am wertvollsten, wenn sich das Gartenjahr dem Ende neigt. Selbst noch im Winter entfalten die Halme und Horste eine zauberhafte Wirkung, wenn sie von Reif oder Schnee überzuckert sind.

PRÄGNANTE GESTALTEN

Eine sehr formenreiche Sippe sind die **Seggen** (*Carex*) aus der Gruppe der Sauergräser, mit zahlreichen Arten und Sorten für verschiedenste Standorte. Die schattengeeignete Breitblatt-Segge (*C. morrowii*) z. B. hebt sich durch breitere Blätter von den ansonsten meist schlanken Blättern der übrigen Arten ab. Es gibt Sorten mit gelbem, braunem oder panaschiertem Laub ▶ Seite 33; 'Frosted Curls' zeigt feine silbriggrüne, leicht gedrehte Blätter.

Die **Binsengewächse** (Juncaceae) sind überwiegend auf feuchten Standorten heimisch. Eine der wenigen, auch im Garten gängigen Ausnahmen ist die Wald-Hainsimse (*Luzula sylvatica*), die der Breitblatt-Segge ähnelt. Die Korkenzieher-Binse (*Juncus effusus* 'Spiralis') ist eine Besonderheit mit spiralig gedrehten Halmen für sumpfige Standorte.

Die übrigen Ziergräser gehören wie auch die Getreide-Arten zu den Süßgräsern (Poaceae). Zum Beispiel die **Schwingel**-Arten (*Festuca*): Sie bevorzugen sonnige Standorte auf durchlässigem Boden. Die stattlichen und dennoch anmutigen Büschel des Atlas-Schwingels (*F. mairei*) eignen sich gut für die Kombination mit Blumen oder gar für den Einzelstand. Mit den immergrünen Polstern des Bärenfell-Schwingels (*F. scoparia*) hingegen lassen sich anmutige Ränder oder ganze Flächen gestalten. Die bis zu 30 cm hohen Horste von *F. amethystina* wiederum bieten ein Farbspiel in nahezu allen Regenbogenfarben. Im Übrigen gibt es auch bei dieser Gattung mehrere Farbvarianten.

Die Gattung *Stipa*, das **Federgras**, umfasst mehrere Arten (*S. barbata, S. pennata, S. capillata, S. tenuissima*), die besonders malerisch wirken mit ihren zartesten Halmen und ebensolchen Blütenrispen und deren Grannen, weil sie sich schon beim leichtesten Hauch sanft im Wind wiegen.

Breitblatt-Segge
(*Carex morrowii*)

Federgras
(*Stipa tenuissima*)

Farne

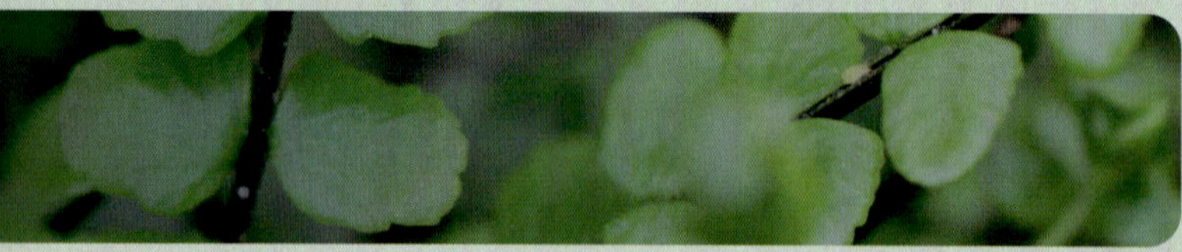

Farne sind Waldbewohner, deren typische Blattsilhouetten wir schon in urzeitlichen Versteinerungen finden können. Sie gedeihen am besten in kühlen, luftfeuchten Lagen. Da Farne zur Vermehrung keine Blüten, sondern nur Sporen bilden, wird ihr Erscheinungsbild ausschließlich von den meist gefiederten Blattwedeln geprägt.

DIE TYPISCHEN FARNE …

Sehr robust und anpassungsfähig ist der Wald-**Frauenfarn** (*Athyrium filix-femina*), der bei ausreichender Boden- und Luftfeuchte auch Sonne verträgt. Seine hellgrünen Wedel sind fein geteilt und bilden dichte, trichterförmige Horste.

Fiederblättchen und Wedelstiel des Japanischen Regenbogenfarns (*Athyrium niponicum* 'Metallicum') zeigen ein attraktives Farbenspiel von bräunlichem Grün über Silbrig bis Purpur. Die Büschel werden nicht höher als 40 cm und breiten sich mit der Zeit über Rhizome aus. Der metallisch schimmernde Farn gesellt sich gerne zu blaulaubigen Funkien oder dunkellaubigen Kontrastpflanzen (z. B. Purpurglöckchen oder Schwarzem Schlangenbart).

Die streng aufrechten Wedel des **Trichter- oder Straußenfarns** (*Matteuccia struthiopteris*) verleihen ihm Namen und Eleganz. Während sich die frischgrünen, sporenlosen Wedel beim ersten Frost verabschieden, bleiben die dekorativen Sporenträger auch über Winter ein Hingucker. Mit den Jahren kann sich der Trichterfarn über Ausläufer stark ausbreiten und ist daher eher für große, naturnahe Flächen geeignet. Eine langanhaltende Vergesellschaftung ist nur mit ähnlich wuchskräftigen Pflanzen sinnvoll, z. B. Wald-Geißbart, Schaublatt, Funkie oder Riesen-Segge.

Der Weiche **Schildfarn** (*Polystichum setiferum*) wird von zahlreichen Sorten vertreten, die sich vor allem durch ihre fein geteilten, weichgrünen Wedel auszeichnen und deshalb auch als „Filigranfarne" bezeichnet werden. Herauszuheben sind die besonders feingliedrigen Sorten wie 'Plumosum Densum', deren überlagerte Fiederchen an die Struktur eines Moospolsters erinnern. Das dekorative Laub passt in naturnahe Gehölzsituationen oder an den Teichrand ebenso wie in die (Halb-) Schattenrabatten zwischen Blühstauden. Ein ausreichend feuchter Boden erlaubt jedoch auch offene Lagen.

… UND DIE SONDERLINGE

Der **Pfauenradfarn** (*Adiantum pedatum*) hat seinen Namen den grazilen, fächerförmig angeordneten Wedeln zu verdanken. Die zarten Fiederblättchen treiben schon früh im Jahr bronzefarben aus, färben sich dann frischgrün und beenden das Jahr in goldgelber Herbstfärbung. Um diesem Schmuckfarn nicht die Schau zu stehlen, sollte er aus einer niedrigen Nachbarschaft herausragen. Gute Begleiter im lichten Schatten sind etwa Lungenkraut, Haselwurz, Elfenblume oder Schaumblüte.

Der zierliche **Streifenfarn** (*Asplenium trichomanes*) setzt seine wintergrünen Wedel aus rundlichen Fiederblättchen zusammen, die entlang braunschwarzer Triebe sitzen. Er bevorzugt absonnige Mauerfugen oder schattige Bereiche im Stein- und Felsgarten. Sehr charmant wirkt er auch auf alten Baumstümpfen oder in gemischten Trögen und Kübeln.

Die Horste des heimischen **Rippenfarns** (*Blechnum spicant*) bestehen aus sporenlosen und sporentragenden Wedeln, die rippenartig gefiedert sind und dunkelgrün glänzen. Der Rippenfarn liebt ein humoses und saures Bodenmilieu, weshalb er sich ausgezeichnet als Partner von Rhododendren oder als Unterpflanzung von Nadelgehölzen eignet.

Untrügliches Kennzeichen des **Hirschzungenfarns** (*Asplenium scolopendrium*) sind die ungefiederten Wedel, die sich je nach Sorte mehr oder weniger gewellt präsentieren. Im Austrieb und den Sommer über glänzen die Blätter frischgrün, den Winter überdauern sie in etwas dunklerer Tönung. Der Kontrast der „Zungen" mit feingliedrigen Farnen, z. B. dem Pfauenradfarn, ist besonders reizvoll.

Der frühjährliche Austrieb des **Königsfarns** (*Osmunda regalis*), seine imposanten hellgrünen Wedel und seine oft langanhaltende goldgelbe Herbstfärbung bieten rund ums Jahr einen majestätischen Anblick. Der größte unserer heimischen Farne kann im lichten Gehölzschatten und in humoser, frischer Erde eine Höhe von bis zu 2 m erreichen. Als Nachbarn eignen sich daher eher wüchsige Waldstauden.

Streifenfarn (*Asplenium trichomanes*)

Exotische Palmblätter

Palmblätter symbolisieren mit ihren gefiederten oder gefächerten Blättern nicht nur den Frieden, sondern auch mediterranes oder gar karibisches Flair. Doch sie stammen fast ausschließlich aus tropischen oder subtropischen Regionen und sind mit unseren frostigen Verhältnissen kaum vertraut. Deshalb muss man sie überwiegend im Kübel kultivieren und geschützt überwintern – auch wenn sich die Verhältnisse im Rahmen des Klimawandels langsam ändern.

Fächer der Zwergpalme

Beste Voraussetzung für die ganzjährige Freilandhaltung von Pflanzen mit palmenartigen Blättern findet man in Regionen mit milden Wintertemperaturen, z. B. in den Weinbaugebieten an Rhein und Main oder am Bodensee. Bei starkem Frost sollten Pflanzen und Boden trotzdem abgedeckt werden.

Nur eine „echte" Palmen-Art kommt natürlich am Mittelmeer vor, nämlich die **Zwergpalme** (*Chamaerops humilis*). Aufgrund ihres kompakten Wuchses eignet sie sich ideal zur Haltung im Kübel. Sehr frosthart ist auch die **Hanfpalme** (*Trachycarpus fortunei*); einzelne Exemplare sollen schon Temperaturen von unter −20 °C überstanden haben. Darüber hinaus gibt es zahlreiche ähnliche Arten, die in der Regel etwas empfindlicher auf Frost reagieren.

ERSATZLÖSUNGEN MIT VORTEILEN

Man braucht nicht unbedingt die „echten" Palmen, um entsprechendes Urlaubsflair zu erzeugen. Auch manche anderen Pflanzen werden aufgrund eines ähnlichen Erscheinungsbilds kurzerhand als „Palmen" angesprochen, obwohl sie eigentlich nicht zu dieser Familie gehören, z. B. die **Palmlilie** (*Yucca*). Die Art *Yucca filamentosa* wächst bei uns sogar dauerhaft auf trockenen Böden, wo sie mit ihren schwertförmigen, blaugrünen Blättern einen fremdartigen Eindruck erzeugt. Allerdings überlebt sie unter einer Reisigabdeckung sicherer und länger ohne Frostschäden.

Ähnliche Arten wie **Keulenlilie** (*Cordyline*), der **Neuseeländer Flachs** (*Phormium*) oder *Astelia* können sogar mit rotlaubigen (*Cordyline*) oder gemusterten „Palm"-Blättern aufwarten. Doch leider sind sie genauso wenig winterhart wie die großen Vorbilder.

Aufgrund ihrer überaus stattlichen Blattwedel sollen hier auch noch die Bananenstauden erwähnt werden. Sie sind jedoch überwiegend sehr frostempfindlich. Nur die robusteste Art *Musa basjoo* findet man in warmen Lagen und mit intensivem Winterschutz auch mal dauerhaft als Freilandpflanze. Die attraktive Rote **Zierbanane** (*Ensete ventricosum* 'Maurelii') muss wie die meisten anderen bei 15–18 °C im Haus überwintert werden.

Keulenlillie 'Red Star'

Gehölze

Gehölze bilden das strukturelle Gerüst des Gartens und prägen ihn wie kein anderes Gewächs. Viele beeindrucken allein durch schiere Größe oder ziehen mit einem malerischen Habitus die Blicke auf sich. Blüten stehen dabei meist im Hintergrund. Ein guter Teil ihres individuellen Reizes beruht stattdessen auf der Wuchsform (Schirm-, Kugel-, Säulen-, Hängeform etc.) sowie auf dem Laubkleid, das sich aus großen oder kleinen, glatten, gebuchteten, geschlitzten, schuppen- oder nadelförmigen, matten oder glänzenden, ein- oder mehrfarbigen Blättern zusammensetzt.

Strauchveronika (*Hebe*)

Neben der Wuchsform übt die Belaubung der Gehölze einen großen Einfluss auf den Charakter einer Pflanzung aus. Zum Beispiel ist das tief geschlitzte Laub eines Fächer-Ahorns (*Acer palmatum*) ein belebendes Element, das alle Blicke auf sich ziehen will, während das dichte Kleid des Buchsbaums eher für hintergründige Ruhe sorgt. Im Winter dann dominiert er als immergrünes Gehölz die Gartenbühne – zusammen mit den schmucken Wuchsformen der Koniferen, die durch das charakteristisch nadelartige Laub gekennzeichnet sind.

Gehölze mit auffällig gefärbtem Laub werden im Kapitel ab Seite 70 behandelt. An dieser Stelle wollen wir nur kurz einige auffällige Arten vorstellen:

- **Mahonien** (*Mahonia japonica, M. bealei* und *M. × media*) zeichnen sich durch farnartige, kreisförmig um den Trieb angeordnete Fiederblätter aus.
- Die **Fächer-Zwergmispel** (*Cotoneaster horizontalis*) bildet mit ihren Trieben ein Fischgrätmuster.
- **Strauchveronika** (*Hebe*-Arten) sowie der immergrüne Kissen-Schneeball (*Viburnum davidii*) wirken mit ihrem gegenständigen immergrünen Laub streng symmetrisch.
- Manche **Kiefern- und Zedern-Arten** besitzen seidig glänzende Nadeln.
- **Araukarien** sind südländische Nadelbäume, deren spiralig benadelte Triebe einen nahezu künstlich-architektonischen Eindruck hinterlassen.
- Bei der **Korea-Tanne** 'Silberlocke' drehen sich die „gelockten" Nadeln nach oben, sodass neben dem Oberflächen-Grün auch deren silbrige Unterseiten zu sehen sind.

Natürlich spielen für das Erscheinungsbild von Gehölzen in Bezug auf die Textur auch Rinden, Dornen sowie natürlich Knospen, Blüten und Früchte eine wichtige Rolle.

Ginkgo

Ginkgo biloba
Farbe: grün
Höhe: je nach Sorte 1 m bis über 15 m

Schon Goethe war fasziniert von diesem sommergrünen Baum, der weder den Nadel- noch den Laubgehölzen zuzuordnen ist. Der Ginkgo ist der letzte Vertreter einer ureigenen Pflanzengattung – ein lebendes Fossil.

Unverwechselbar sind die frischgrünen, mehr oder weniger tief gelappten Fächerblätter des Ginkgos, deren Nerven sich bereits am Stiel gabelförmig teilen. Im Herbst bietet die strahlend gelbe Herbstfärbung ein grandioses Saisonfinale. Vom pflegeleichten und robusten Ginkgo gibt es heute auch kleinwüchsige Sorten, die ihren urtümlichen Charme selbst in engsten Gartenverhältnissen oder gar im Kübel zur Wirkung bringen.

Ginkgo

Mit Blättern gestalten

Damit sich ein harmonisches, lebendiges Bild ergibt und kein unruhiges, kunterbuntes Allerlei, will die Vielfalt an Blattschönheiten in den verschiedenen Bereichen des Gartens sinnvoll verwendet werden.

So verwendet man Blattschmuckpflanzen

Für das Gesamtbild des Gartens ist es besonders wichtig, dass die bunten Blütendarsteller einen ruhigen Hintergrund erhalten, vor dem sie sich in Szene setzen können. Viele Blattschmuckpflanzen erfüllen genau diese Aufgabe – ohne selbst Langweiler zu sein. Große Grünpflanzen mit kleinem, dichtem Laub können diese Funktion am besten erfüllen. Dunkelgrüne Pflanzgruppen, beispielsweise aus schattenverträglichen Eiben, setzen ausgesprochen beruhigende Akzente.

Auch silber- und graulaubige Stauden oder Beetpflanzen, wie Edelraute, Heiligenkraut und Silberblatt, wirken wie ein ruhender Pol in der Rabatte. Denn sie vermitteln zwischen dem Grün der Blätter und den verschiedenen bunten Blütenfarben und steigern dabei sogar deren Leuchtkraft.

Halbschatten-Stars

Im Wechselspiel von Licht und Schatten liegt ein besonderer Reiz, der die Wirkung von filigranem Laub neben charaktervollen Pflanzengestalten ausnehmend gut zur Geltung bringt. Die beliebten Funkien (*Hosta*), das Schaublatt (*Rodgersia*), zierliche Gräser und vor allem Farne mit ihren gefiederten Wedeln prägen häufig diese halbschattigen Gartenstandorte. Nicht zuletzt steht ein großes Angebot an schattenliebenden Bodendeckern wie Haselwurz oder Goldnessel zur Auswahl.

GEMUSTERTE BLÄTTER SPARSAM EINSETZEN

Panaschierte Blätter sind einzeln eine Augenweide. Aus der Nähe betrachtet wirken die unregelmäßigen Muster (z. B. von *Heuchera* 'Snowstorm', *Brunnera* 'Langtrees') besonders faszinierend – wie kleine Aquarelle, entstanden aus einer Laune der Natur.

Mehrere Sorten mit Laubzeichnung in einer Pflanzung können die hoch gesteckten Erwartungen jedoch oft nicht erfüllen. Das ist ähnlich wie bei einer lebhaft gemusterten Tapete: Sie mag für sich allein sehr dekorativ wirken, lässt sich aber schwer ins Gesamtbild integrieren und man sieht sich rasch daran satt. Daher empfiehlt es sich, solchen Schönheiten die gewünschte Aufmerksamkeit zukommen zu lassen und sie in erster Linie sparsam und gezielt als Blickfang einzusetzen. Dagegen sollten Sie es eher vermeiden, panaschierte Pflanzen in zu großer Zahl innerhalb eines Beets einzusetzen.

Einzeln oder in Gruppen?

Manche Pflanzen erreichen erst bei einer Anordnung in Gruppen ihre eigentliche Wirkung. Ein Beispiel dafür ist der Rasen: Einzelne Pflänzchen würde der Gärtner sofort als Unkraut aussortieren. In der flächigen Form des Rasens aber bilden die Blätter ein unverzichtbares Gartenelement. Eine zu großflächige Verwendung kann im Einzelfall allerdings auch eintönig wirken. Je größer

Gräser, graulaubige Arten und dunkelgrüne Nadelgehölze bilden den Hintergrund für Blütenstauden.

der Garten, desto größer dürfen die Gruppen sein – und umgekehrt!

Pflanzen, die das ganze Gartenjahr hindurch elegante Formen oder reizvolle Laubfarben und -zeichnungen vorweisen, bieten sich dazu an, Akzente zu setzen. Ein rotblättriger Fächer-Ahorn oder ein Riesen-Chinaschilf zieht sofort die Blicke auf sich, auch ohne Blüten. Derart eindrucksvolle Exemplare können Sie als Solitärs in eine ansonsten einheitlich hohe Pflanzung setzen. In dieser Funktion sieht man beispielsweise den Wunderbaum (*Ricinus*) oder das Indische Blumenrohr (*Canna*) öfter aus einem niedrigen Blumenbeet ragen. Ihre individuellen Eigenschaften kommen so am besten zur Geltung. Gleichzeitig brechen sie die Fläche auf angenehme Weise auf.

Doch ein Garten verträgt solche Einzelgänger nur in beschränkter Zahl. Ihre Wirkung verpufft weitgehend, wenn zu viele solcher „Ausrufezeichen“ zu nahe hintereinander gesetzt werden. Jeder Akzent braucht seinen Raum, in dem er seine Wirkung entfalten kann!

Hier verbindet die Felsenmispel als grüner Bodendecker verschiedenste Pflanzenfarben und -gestalten.

BLATTSCHMUCK FÜR FLÄCHIGE BEPFLANZUNGEN

Wenn dicht belaubte Pflanzen einen nahezu geschlossenen grünen Teppich bilden, sprechen wir von Bodendeckern. Hierzu verwendet man meist Stauden wie Kriechenden Günsel (*Ajuga*), Pfennigkraut (*Lysimachia nummularia*), Stachelnüsschen (*Acaena*), Haselwurz (*Asarum*) und Elfenblume (*Epimedium*). Einige davon sind besonders attraktiv belaubt, wie die blattbunten Günsel-Sorten oder Taubnesseln. Aber auch kriechende oder flachwüchsige Gehölze, wie Immergrün, *Cotoneaster* oder Kriech-Wacholder, eignen sich als Bodendecker.

Je rascher und dichter sich der Bestand schließt, umso besser gelingt es einem Bodendecker, das Wachstum anderer, unerwünschter Arten zu unterdrücken, die wir gemeinhin als Unkraut bezeichnen. Beispielsweise Goldnessel (*Lamiastrum galeobdolon*) und Bambus (z. B. *Pleioblastus pumilus*) gelten als äußerst wüchsig – und breiten sich mitunter sogar mehr aus, als uns lieb ist.

Wenn diese bodendeckenden Arten auch noch ein dichtes Wurzelwerk bilden, wie das Teppich-Johanniskraut, kann man sie auf abschüssigen Flächen zusätzlich zur Erosionssicherung einsetzen, also um zu verhindern, dass dort die Erde durch Niederschläge abgeschwemmt wird. Zudem gibt es schattenverträgliche Bodendecker, die sich als Rasenersatz eignen, weil sie auch noch in Bereichen wachsen, wo der Rasen dünn wird und sich zugunsten von Moos zurückzieht.

Bodendecker mit attraktivem Laub

DEUTSCHER NAME	BOTANISCHER NAME	STANDORT	BEMERKUNG
Stauden und Zwerggehölze			
Stachelnüsschen	*Acaena microphylla*	☼	winzige Blättchen, rotbräunlich, mit gestachelten Früchten
Kriechender Günsel	*Ajuga reptans*	☼–●	Seite 55
Katzenpfötchen	*Antennaria dioica*	☼	silbergraulaubig
Haselwurz	*Asarum europaeum*	●	Seite 87
Bergenie	*Bergenia*-Hybriden	☼–●	Seite 86
Kaukasus-vergissmeinnicht	*Brunnera macrophylla*	☼–●	Seite 57
Japan-Segge	*Carex morrowii*	◐–●	Seite 33; ähnlich: Wald-Marbel (*Luzula*)
Römische Kamille	*Chamaemelum nobile*	☼	duftender, flacher Laubteppich
Elfenblume	*Epimedium* sp.	☼–●	Seite 87
Teppich-Johanniskraut	*Hypericum calycinum*	☼	Zwerggehölz, symmetrische Belaubung, wintergrün, gelbe Blüten
Goldnessel	*Lamiastrum galeobdolon*	◐–●	Seite 60
Fiederpolster	*Leptinella squalida*, Syn. *Cotula*	☼–●	mattenbildend, zart gefiedertes Laub, bei ‘Platt's Black’ rotbraun, fast schwarz wirkend
Pfennigkraut	*Lysimachia nummularia*	☼–●	robust, für trockene wie feuchte Standorte; gelblaubige Sorten
Dickmännchen	*Pachysandra terminalis*	◐–●	Zwerggehölz, immergrün
Lungenkraut	*Pulmonaria saccharata*	◐–●	weiß oder silbrig geflecktes Laub, Blüten im Frühling
Fetthennen	*Sedum* sp.	☼	sukkulente Blätter, teils rötlich oder bräunlich gefärbt, z. B. *Sedum spurium* ‘Fuldaglut’
Porzellanblümchen	*Saxifraga × urbium*, Syn. *S. umbrosa*	☼–◐	‘Variegata’ mit gelbrandigem Laub
Woll-Ziest	*Stachys byzantina*	☼	Seite 63
Thymian	*Thymus* sp.	☼	Seite 50
Schaumblüte	*Tiarella cordifolia*	◐–●	Sorten mit bräunlicher Zeichnung, weiße Blüten im Frühsommer

DEUTSCHER NAME	BOTANISCHER NAME	STANDORT	BEMERKUNG
Gehölze			
Teppichmispel	*Cotoneaster dammeri*	☼–◐	halbimmergrün, anspruchslos
Kriechspindel	*Euonymus fortunei*	☼–●	Seite 76
Efeu	*Hedera helix*	◐–●	Seite 35
Teppich-Wacholder	*Juniperus horizontalis*	☼	immergrün, 'Blue Chip' mit bläulichem Nadellaub
Immergrün	*Vinca minor, V. major*	◐–●	dunkel- und immergrün, *V. major* 'Variegata' panaschiert

LINIEN UND ORNAMENTE

Durch das ganzjährig relativ einheitliche Erscheinungsbild bieten sich Blattschmuckpflanzen in besonderem Maße für Pflanzmuster oder rhythmische Wiederholungen an.

Arten mit sehr niedrigem Wuchs, wie das Silberspatel-Fettblatt (*Sedum spathulifolium*) oder das nicht immer frostharte Papageienblatt (*Alternanthera*), bieten sich an, um formale, geometrische Ornamente zu gestalten. Stauden und Kräuter kann man oft flächig verwenden. Aus Gehölzen wie Buchs, Berberitze oder Heiligenkraut (*Santolina*) lassen sich niedrige Einfassungen gestalten. Vorbilder für farbige Streifenmuster finden wir sogar in einem gekonnt gestalteten Gemüsegarten.

Hecken bilden Blätterwände

Auch Hecken bestehen im Grunde aus Blattschmuckpflanzen. Schnitthecken strukturieren den Garten, erfüllen Sicht- und Windschutzfunktion und schaffen den ruhigen Hintergrund für lebhafte Arrangements aus vielerlei Formen und bunten Farben. Dabei sind sie auch noch selbst hübsch anzusehen.

Nahezu jeder interessant belaubte Strauch lässt sich in eine Wildhecke pflanzen. Eine solche Mischpflanzung kann zwar eine Grenze markieren, wirkt dabei jedoch wesentlich unschärfer als eine einheitliche Heckenwand. Es spricht auch nichts dagegen, eine panaschierte Sorte in eine gemischte Hecke zu setzen, um sie aufzulockern. Eine gänzlich panaschierte Hecke kann allerdings auch schnell aufdringlich wirken.

Für Schnitthecken benötigt man entsprechend schnittverträgliche Arten. Und die gibt es in reicher Auswahl. Unter den Laubgehölzen findet man beispielsweise immergrüne Buchs- und Berberitzen-Sorten für alle angestrebten Höhen sowie in verschiedenen Laubfärbungen. Von Hainbuche und Liguster gibt es sogar Farbvarianten. Sie eignen sich eher für höhere Hecken, genauso wie die Nadelgehölze Thuja, Scheinzypresse, Eibe und Fichte.

Um eine Schnitthecke abwechslungsreich zu gestalten, kann man z. B. Schnitthöhen und -formen variieren, sodass fantasievolle Formen entstehen. Man kann aber auch mehrere schnittverträgliche Gehölzarten mit ähnlichem Höhenwachstum in unterschiedlichen

Laubtönungen – von Grün über Gelblich bis Purpurrot – zu einer Hecke kombinieren. Wenn man die Arten immer wieder in derselben Reihenfolge pflanzt, entsteht ein interessanter Rhythmus.

Blattpflanzen in der modernen Gartengestaltung

In der Gartengestaltung des 21. Jahrhunderts gewinnen geometrische Strukturen wieder an Bedeutung. Für Präsentationen auf zahlreichen Gartenschauen, aber auch für modern gestaltete Parks und Privatgärten wurden die Begriffe „Neo-Barock“ oder „Neo-Klassizismus“ geprägt. Derartige Gestaltungen wurden zu Beginn misstrauisch beäugt, doch mittlerweile beginnt sich auch für viele Laien die kühle Eleganz zu erschließen, die sich aus der reduzierten Pflanzenverwendung ergibt. In solchen Anlagen werden einheitliche Strukturpflanzen gerne in größerer Zahl verwendet, häufig in streng geometrischer Anordnung von Linien oder Rautenmustern. In Parks sind es meist Gehölze mit gleichförmiger, einprägsamer Gestalt, z. B. Rundkronen.

Für den Privatgarten sind Gräser sehr gut dafür geeignet, beispielsweise straff aufrechte Arten oder auch Polster mit überhängendem Laub. Sofern die Fläche groß genug ist, werden gerne Arten des Chinaschilfs (*Miscanthus*) verwendet. Wenn man eine einheitliche Gräserreihe nur mit einer, beispielsweise weiß blühenden Staudenart kombiniert, entstehen Bilder von schlichter Eleganz, der sich kaum jemand entziehen kann.

Abwechslungsreich, aber unaufdringlich: Wunderbaum-Blätter, Dillblüten und Ringelblumen

Efeu, Purpurglöckchen, graulaubige Arten und Gräser bilden malerische Herbstbepflanzungen.

Blattschmuckpflanzen fachgerecht kombinieren

Wer seine Begeisterung für die Blattschönheiten entdeckt, wird anfangs dazu neigen, beim Besuch eines Gartenmarkts jedes Mal wieder die eine oder andere Trophäe mitzubringen, in der Meinung: So etwas Schönes bringen wir immer irgendwo unter.

Bei den ersten Exemplaren mag das noch gut funktionieren. Je größer allerdings die Anzahl so planlos angesammelter Attraktionen, desto strukturloser wird das Gartenbild. Und so reift im Laufe der Zeit die Erkenntnis heran, dass auch derartige Hingucker mit System und Einfühlungsvermögen auf ihre Umgebung abgestimmt werden sollten. Nur dann hat man wirklich langfristig Freude und Erfolg damit.

SORGFÄLTIG ABSTIMMEN, BITTE!

Ein Beet, in dem einfach alle Farben bunt gemischt sind, mag auf den ersten Blick sprühende Laune verbreiten. Auf den zweiten Blick wirkt es aber unruhig; mancher würde sogar sagen: unordentlich. Um diesen Eindruck zu vermeiden, empfiehlt es sich, die verwendeten Farben sorgfältig auszuwählen und aufeinander abzustimmen.

Aber es genügt nicht, die Struktur- und Blattschmuckpflanzen auf die vorhandenen Blütenpflanzen abzustimmen. Machen Sie es doch einmal umgekehrt: Das Laub prägt das Bild ganzjährig und mit wesentlich größerer Masse als die Blüten, die vor allem auf diejenigen Nachbarn abzustimmen sind, die sich etwa zur gleichen Zeit öffnen. Deshalb wäre es geradezu absurd, diese Pflanzenteile bei einer sensiblen Gestaltung unberücksichtigt zu lassen. Blätter sind weit mehr als nur eine perfekte Ergänzung zu den bunten Blüten. Oftmals erscheinen sie sogar ähnlich exotisch – doch ihre Wirkung ist eine ganz andere.

Spannung oder Harmonie?

Spannung erzeugen lässt sich durch Gegenüberstellung kontrastierender Eigenschaften. Zum Beispiel durch Kombination der aufragenden Triebe einer Rutenhirse (*Panicum*) mit den runden Polstern des Atlas-Schwingels, oder der großflächigen Blätter eines Schaublatts mit filigran gefiedertem Farnlaub oder grazilen Grashalmen. Bei genauer Betrachtung trägt auch schon die Variation der Blattoberflächen – ledrig glänzend, bläulich bereift oder filzig behaart – dazu bei, dass im Gartenbild keine Langeweile aufkommt. Oder soll Ihre Pflanzenzusammenstellung in erster Linie von Harmonie geleitet sein? Auch dann finden Sie sicher eine bezaubernde Kombination. Wie wärs mit einem rotlaubigen Gehölz wie dem Roten Perückenstrauch (*Cotinus coggygria*) als Hintergrund für rosa blühenden Phlox? In Kombination kommen letztlich beide Beteiligten besser zu Geltung als in Einzelstellung.

LEBENDIGES SPIEL DER TEXTUREN

Schon die Texturen der Blattschmuckpflanzen können ganz verschiedene Stimmungen im Garten entstehen lassen. Besonders erfolgreich gelingt dies am Rand oder im Schatten von Gehölzen.

Kriechende Pflanzen wie Gundermann oder Pfennigkraut bewirken mit ihrem eher zierlichen Laub eine heitere Atmosphäre. Solche Elemente passen besonders gut in kleine Gärten. Die wuchtigen Bergenienblätter hingegen vermitteln ein Gefühl von beinahe

Blattschmuck-Dreiklang: blaugrüne Funkie, gelblaubige Segge und herzblättrige Elfenblume

Auch Blütenpflanzen haben Blätter

Damit kein falscher Eindruck entsteht: In diesem Buch werden gezielt Blattschmuckpflanzen und deren Verwendung besprochen. In diesem Zusammenhang darf aber nicht vergessen werden, dass auch bei vielen Blütenpflanzen die Textur ihrer Belaubung eine wesentliche Rolle spielt, damit eine Pflanzkombination gelingt. Es lohnt sich daher generell, den Blättern größere Aufmerksamkeit zu widmen!

tropischer Üppigkeit. Die Kombination solch unterschiedlicher Blattformen wirkt immer anregend. Mit Blick auf die kalte Jahreszeit lassen sich wintergrüne Arten wie Bergenien und Purpurglöckchen mit ebensolchen Gräsern wie beispielsweise Seggen zu hübschen Kontrasten kombinieren. Wenn dann auch noch weißbunte Seggensorten verwendet werden wie *Carex foliosissima* 'Icedance' oder *C. oshimensis* 'Evergold', dann ist mit allen zur Verfügung stehenden Elementen, mit Texturen und Farbvarianten sowie über alle Jahreszeiten hinweg für spannende Pflanzenbilder gesorgt.

Führen Sie grundsätzlich lieber wenige Texturen zusammen, die klare Kontraste oder zumindest Abstufungen bilden, statt ein beliebiges Durcheinander anzumischen. So ergibt sich ein ruhiges und dennoch spannungsreiches Bild. Nach einer Faustregel sollten in einem Beet dreierlei Texturstufen eingesetzt werden, um ein anregendes Bild zu gestalten.

Ähnliches gelingt, wenn Sie an mehreren Stellen das Motiv großer Blätter wiederholen, z. B. mit Funkien, und das Bild mit fein gefiederten Farnblättern oder grazilen Seggen-Halmen auflockern. Aber auch ein Arrangement ähnlicher Texturen, z. B. von Purpurglöckchen, Frauenmantel und Storchschnabel, hat ihren Reiz. Weil in Schattenlagen Blütenpflanzen und -farben eine kleinere Rolle spielen, kommt hier den Texturen eine umso größere Bedeutung zu.

Spannungsreiche Texturen: gefiederter Farn, Laubrosetten der Wolfsmilch und grasartige Binse

GRUNDREGELN DER PFLANZENANORDNUNG

Für den gelungenen Gesamteindruck des Gartens ist es von wesentlicher Bedeutung, dass die Anordnung **unterschiedlich hoher** Arten gut durchdacht ist. Bei der Planung des Grundgerüsts sollten Sie deshalb in einem ersten Schritt Bäume, Sträucher und hohe Stauden dazu verwenden, den Garten zu gliedern. Das Laubkleid dieser Strukturpflanzen bildet jeweils den Hintergrund für die Gestaltung der einzelnen Gartenbereiche.

Innerhalb eines Beets empfiehlt es sich, die höchsten Pflanzen (z. B. das Chinaschilf) vom Betrachter aus hinten zu platzieren, damit sie die kleineren Nachbarn nicht verdecken. Bei Beeten, die von mehreren Seiten einsehbar sind, gehören die höchsten Pflanzen folgerichtig eher in die Mitte. Kleine, flache und polsterförmige Stauden wie Purpurglöckchen oder Thymian dagegen werden bevorzugt an den Wegrändern angesiedelt. Im Zwischenbereich finden halbhohe Stauden und Gräser ihren Platz.

Am einfachsten ist es, wenn Sie bei der Beetgestaltung ganz von vorne beginnen können: In diesem Fall wählen Sie zu Beginn die **Leitpflanzen** aus, die durch ihre Größe und Auffälligkeit die Situation dominieren und an denen sich die restlichen Pflanzen orientieren sollen. Warum nicht einmal eine Blattschmuckpflanze zur Leitfigur wählen? Kleine, vielfach immergrüne Gehölze werden bereits recht häufig als Leitpflanzen eingesetzt. Auch für die großen Gräser ist das nichts Außergewöhnliches. Selbst Arten durchschnittlicher Größe können auffällige Akzente setzen, wie z. B. das goldgelbe Japan-Waldgras (*Hakonechloa*).

Die passenden Begleiter

Zwischen die Leitpflanzen können Sie die etwas bescheideneren Begleitpflanzen platzieren, deren Aufgabe nicht zuletzt darin besteht, die Leitpflanzen optimal zur Wirkung zu bringen. Die letzten verbliebenen Lücken lassen sich mit zugekauften oder selbst herangezogenen Sommerblumen füllen.

Machen Sie bei alledem nicht den Fehler, die Pflanzen zu eng zu setzen! Vor allem für die Blattschmuckpflanzen gilt das Ziel, dass sie möglichst das ganze Jahr über in ihrer vollen Pracht zu bewundern sein sollen – und nicht zur Hälfte von den Nachbarn verdeckt werden.

Zudem ist zu beachten, dass Pflanzen mit Sonderfarben oder bunten Blättern wie bei der Buntnessel unbedingt einen ruhigen Hintergrund aus mehr oder weniger einheitlich grünem Laub brauchen – genauso wie sonst die Blütenpflanzen.

Faktor Zeit

Blattschmuckpflanzen bieten die ganze Gartensaison lang interessante Aspekte – vom zarten Frühjahrs-Austrieb über die voll ausgeprägte Laubpracht im Sommer bis hin zur Herbstfärbung. Damit lassen sie sich hervorragend als Nachbarn von Arten einsetzen, die nach der Blüte unansehnlich werden. Tränendes Herz und Türkischer Mohn beispielsweise ziehen rasch wieder ein. Deshalb setzt man sie möglichst in die Mitte der Pflanzfläche, wo sie von rasch nachwachsenden Funkien oder einem Bronze-Fenchel elegant verdeckt werden.

Blattfarben gezielt einsetzen

Eine gelungene Kombination der jeweils saisonal vorherrschenden Farben ist eine Herausforderung, die sich jedem stellt, der einen Garten oder ein Beet harmonisch gestalten will. Doch wie das geht, ist nicht automatisch klar. Im Bereich der Blattschmuckpflanzen herrschen zudem eigene Regeln.

PRINZIPIEN DER FARBKOMBINATION

Im Grunde gibt es zwei Wege, bei der Gartengestaltung mit Farben umzugehen:

- Entweder man schafft eine harmonische Zusammenstellung nahe verwandter Töne eines Farbbereichs.
- Oder man bildet einen kontrastreichen Mehrklang.

Lebendige Farbzusammenstellungen

Die kräftigen Kontraste der Komplementärfarben entstehen beispielsweise, wenn man violette Blüten (wie Rittersporn) oder blaues Laub vor ein gelblaubiges Gehölz wie Gold-Liguster oder Scheinzypresse 'Kelleriis Gold' platziert. Gelungene Kombinationen leben aber nicht nur von möglichst großen Kontrasten. Sehr ansprechend sieht es auch aus, wenn man dunkles Immergrün mit frisch- bis gold-grünen Blättern kombiniert, oder bläulich schimmernde Koniferen mit purpurblättrigen Berberitzen. Solche Zweiklänge lassen sich recht übersichtlich planen. Um Ton-in-Ton-Pflanzungen ▶ Seite 29 anzulegen, können z. B. auch gelbe Blüher mit gelblaubigen Blattschmuckpflanzen kombiniert werden.

Doch in den meisten gärtnerischen Pflanzkonzepten treffen noch viel mehr Elemente aufeinander. Die Zusammenstellung von einer Blut-Pflaume, einem gelbblättrigen Pfeifenstrauch und einem panaschierten Hartriegel wirkt nochmal eine Stufe stimulierender als mit nur zwei Elementen. Um nicht zu viel Unruhe zu stiften, empfiehlt es sich jedoch, jeweils größere farblich zusammengehörige Gruppen zu bilden.

Hell und dunkel

In sehr schattig-dunklen Bereichen ist es wichtig, sie mithilfe heller Farben freundlicher zu gestalten. Es lohnt sich daher, vor einem dunklen Hintergrund einige leuchtende Blüten oder hell gemustertes Laub zu platzieren. Vor einer derartigen Bühne kommen diese Elemente optimal zur Wirkung. Ein heller Hintergrund dagegen bietet die besten Voraussetzungen, um kräftige Farben oder auch gemusterte Blätter davor zu platzieren.

Auch dunkel belaubte Arten lassen sich vor einer hellen Wand gut in Szene setzen. Besonders spannend aber sind Hell-Dunkel-Kontraste mit anderen Pflanzen. Bezaubernd wirken die kontrastreichen Kombinationen aus Gelb und Purpurrot; probieren Sie es im Kleinen aus, beispielsweise mit Gold-Pfennigkraut und einer rotblättrigen Günsel-Sorte! Sehr effektvoll ist es auch, wenn man aus den dunklen Teppichen des Schwarzen Schlangenbarts (*Ophiopogon planiscapus* 'Niger') kontrastfarbige Zwiebelblumen herauswachsen lässt. „Schwarze" Pflanzen lassen sich zudem gut mit ähnlich dunklen Arten kombinieren.

Wegen ihrer Dominanz sollten dunkelpurpurne, also fast schwarz wirkende Blätter allerdings im Garten sehr gezielt und keinesfalls in Massen eingesetzt werden – sonst kann die Wirkung unter Umständen düster und bedrückend sein!

Ein-tönig ist nicht langweilig!

Eine hübsche Verbindung gehen z. B. eine *Heuchera* 'Amethyst Myst' (purpurrote Blätter) und Bergenie 'Rote Schwester' (leuchtend rote Herbstfärbung) mit ihren eigenen rosafarbenen Blüten ein, ebenso wie mit den Blüten einer gleichfarbigen Rose. Auch die Rutenhirse 'Rehbraun' mit ihren bronzeroten Halmen oder die Purpur-Fetthenne (*Sedum*) 'Matrona' mit ihrem schokoladenfarbenen Laub würde noch gut dazu passen.

Kräftiger Kontrast: frischgrüner Königsfarn zwischen rotlaubigem Felberich (vor dessen Blüte)

Eine solche Kombination wirkt nie schrill, sondern elegant und harmonisch. Dabei empfiehlt es sich, auch ein spezielles Augenmerk auf die Pflanzengestalten zu legen. Denn grazile Wuchs- und Blattformen kommen in derart farblich abgestimmter Umgebung wesentlich besser zur Geltung als in einem kunterbunten Beet.

DIE EINZELNEN BLATTSCHMUCK-TYPEN

Gelbes Laub

Gelbe Gräser wie die Segge (*Carex*) 'Evergold' oder das Japan-Waldgras (*Hakonechloa*) senden vor allem im lichten Halbschatten auffällige Signale, insbesondere wenn man ihre kompakten Horste in flächigen Gruppen pflanzt.

Um die etwas schwerfällige Wirkung kräftig grüner Nadelgehölze etwas zu mildern, empfiehlt es sich, goldgelbe Spielarten dazwischen einzustreuen. Die goldfarbene Belaubung eines größeren Gehölzes dagegen hüllt die ganze Umgebung in ihren eigenen „warmen Sonnenschein".

Rotes Laub

Die Farbe Rot zieht immer die Aufmerksamkeit auf sich und sollte daher in Pflanzengemeinschaften gezielt eingesetzt werden, um einzelne „Ausrufezeichen" zu setzen. Umso mehr, als Blattschmuckpflanzen die einzelnen Farbtupfer der Blüten großflächig übertönen.

Man kann die Wirkung aber auch auf die Spitze treiben und einen ganzen Bereich in Rot gestalten. Dann vereinen sich rotlaubige Blattschmuckpflanzen (z. B. Bataten, Wunderbaum oder Roter Perückenstrauch) gemeinsam mit den roten Blüten von Sommerblumen oder Stauden (Feuersalbei, Dahlien) zu einem feurigen Beet!

Silbergraue Blätter

Silbrig-graue Blätter harmonieren am besten mit Blüten in Rosa und anderen Pastelltönen. Rosen sind daher prädestinierte Partner für Silberblätter. Auch in der Nachbarschaft gelblaubiger Blattschmuckpflanzen kann ein schönes Farbspiel entstehen. Der Kontrast mit weiß panaschierten Arten wird hingegen als recht hart empfunden.

Noch wichtiger aber ist für unsere Zwecke, dass der silbrig-graue Farbton – ähnlich wie die Spielarten des Blattgrüns – in der Lage ist, harmonisch zwischen kräftigen Blütenfarben zu vermitteln. Man kann die graulaubigen

Die Silber-Strohblume als harmonischer Hintergrund für die Blütenquirle der Fächerblume

Pflanzen einfach ins Blumenbeet mischen oder auch mit Arten wie Silberblatt oder Heiligenkraut eine ganze Beeteinrahmungen bilden. Doch in der Regel stehen eher einzelne silbrig-graue Elemente zur Verfügung und seltener ganze Flächen wie beim Grün.

Blaues Laub

Grünes Laub lässt sich bekanntlich uneingeschränkt einsetzen. Blaues Laub dagegen eignet sich weniger gut zur Harmonisierung. Blätter in diesem Farbton wirken eher kühl und geheimnisvoll, insbesondere wenn sie großflächig sind und im Schatten wachsen, z. B. Funkien-Sorten wie 'Halycon'. Das kann aber auch in der Sonne geschehen, oder wenn sich die Blätter im Wasser spiegeln. In Kombination mit rosafarbenen Blüten kommt der romantische Aspekt der Blautöne am besten zum Vorschein, im Zusammenspiel mit gelben Blättern oder Blüten jedoch zeigen sie sich von ihrer schönsten Seite.

Gemustertes Laub

Panaschierte Pflanzen sind insbesondere für schattige Pflanzbereiche eine wertvolle Bereicherung. Dennoch ist zu beachten, dass die Integration in die umgebende Gesellschaft nicht immer problemlos gelingt.

Je kleiner das Laub, desto leichter sind solch mehrfarbige Gestalten zu kombinieren. Bei größeren Blättern tritt das einzelne Muster stärker in den Vordergrund und erfordert daher einen passenden ruhigen Hintergrund. Generell sollte man vermeiden, gemusterte Pflanzen „ungefiltert" nebeneinander zu setzen. Ebenso wenig empfiehlt es sich, panaschierte Sorten mit Blütenpflanzen zu umzingeln; dadurch käme sehr viel Unruhe ins Spiel.

Gemusterte Blätter verlangen eine dämpfende Nachbarschaft. Beschränken Sie sich daher in der Umgebung auf wenige dezente Blütenfarben. Am besten werden die blattbunten Sorten vor einem ruhigen, grünen Hintergrund mit dunklen Laub- und Blütenfarben platziert, aus der die aufgehellte Musterung herausleuchten kann. Aus einer schattigen Ecke funkeln aufgehellte Zeichnungen besonders kraftvoll.

Kühle, silbrig-weiße Panaschierungen (wie bei *Acer negundo* 'Flamingo' oder *Brunnera* 'Jack Frost') passen gut zwischen rote und blaue Blüten. Sonnige Panaschierungen in wärmeren Creme- und Gelbtönen (wie *Acer negundo* 'Kelly's Gold') dagegen wirken im Zusammenklang mit Cremeweiß sowie mit hellem Blauviolett und Rosa äußerst harmonisch.

Vorsicht mit panaschierten Gehölzen

Hüten Sie sich davor, Panaschierungen in kühlen und warmen Tönen zu mischen! Besondere Vorsicht ist bei panaschierten Gehölzen geboten: In der Regel genügt ein einzelner Strauch, wie *Cornus alba* 'Argenteomarginata' oder eine der blattbunten *Acer-negundo*-Sorten, in Kombination mit anderen, „normal grünen" Gehölzen. Zwei könnten schon zu viel sein! Und selbst bei diesem Einzelexemplar ist darauf zu achten, dass der Außenseiter nicht allzu aufdringlich die Harmonie der benachbarten Pflanzung stört.

Blattpflanzen im Prachtstaudenbeet

Auf voll besonnten Flächen will man in der Regel die schönsten Pflanzen zusammenstellen, die überdies sehr anspruchsvoll sind: Sie wollen nicht nur so viel Licht und Wärme wie möglich, sondern meist auch noch einen gut strukturierten und nährstoffreichen Boden. Aber auch hinsichtlich der Gestaltung sind schon bei Planung und Anlage eines solchen Beets einige wesentliche Punkte zu berücksichtigen, damit man später möglichst lange seine Freude daran hat.

Das Beet sollte z. B. in Form und Größe zum Garten passen: Kleine Beete mögen im Vorgarten schön anzusehen sein – in einem großen Garten würden sie eher verloren wirken. Wer genügend Platz hat, sollte großzügig planen, denn große Flächen bringen Ruhe und Ausgewogenheit in den Garten.

BEETEINFASSUNG – GERNE AUCH MIT SCHMUCKEM LAUB

Zwischen Rasenfläche und Blumenbeet ist eine klare Abtrennung von Vorteil. Dies bringt nicht nur manche Arbeitserleichterung, die Abtrennung kann zudem ein wichtiges Element der Gartengestaltung sein.

Der Klassiker unter den niedrigen pflanzlichen Beeteinfassungen ist der immergrüne Buchs (*Buxus sempervirens*) 'Suffruticosa', dicht gefolgt von der rotlaubigen Berberitze 'Atropurpurea Nana'. Doch Sie können zwischen vielen Blattpflanzen wählen, darunter Stauden wie *Heuchera*, Gräser, Kräuter, Sommerblumen wie Zierkohl, die streng geometrischen Echeverien oder auch graulaubige Arten wie Silberblatt und Heiligenkraut. Mit mehrfarbig gemusterten Sorten sollte man allerdings vorsichtig sein: Als Einfassung wirken sie in der Regel zu unruhig.

Ebenerdige Einfassung

Wird der Rand nur mit dem Spaten abgestochen, ist jedes Jahr eine Nachbearbeitung erforderlich, um die Form zu erhalten. Ebenerdig zu Rasen und Beet verlaufende Beeteinfassungen dagegen sind gut mit dem Rasenmäher befahrbar und mühsames Kantenschneiden mit der Schere entfällt, da der Rasen beim Mähen vollständig erfasst wird.

SONNIGE KOMBINATIONEN

Das Gerüst des Beets entsteht aus Sträuchern, die zu dessen Dimensionen passen. Scheinzypressen, Blau-Fichten, Judasbaum und Blut-Pflaume, Blut-Hasel oder gar Blut-Buche sind baumartige Gehölze, die bestenfalls zum Hintergrund eines Sonnenbeets passen. Eine engere Beziehung zu den Sommerblumen und Stauden lässt sich mit Sträuchern wie Berberitzen, Buchs, Hartriegel, Perückenstrauch, Fächer-Ahorn oder einem blumenartigen Teppich aus Spieren herstellen. Weiden-Hochstämmchen von *Salix integra* 'Hakuro Nishiki' bilden die ganze Saison lang einen Blickfang.

Neben Bodendeckern aus der Gattung *Sedum* oder *Heuchera* können einige Wolfsmilch- (*Euphorbia*) und *Iris*-Arten zwischen den Blumen für Struktur sorgen, ebenso Gräser wie Seggen, Rutenhirse-Sorten oder Chinaschilf. Auch die meisten blattbunten Kräuter fühlen sich in diesem Beet wohl. Kurzlebige Arten wie Zierfenchel, Zierkohl, Wunderbaum (*Ricinus*), Blumenrohr (*Canna*), Buntnessel, Blattgeranien, Kapuzinerkresse und *Helichrysum petiolare* eignen sich, um die Lücken zu befüllen und jedes Jahr neue Aspekte einzubauen.

Im Prachtstaudenbeet bietet es sich an, Blatt- und Blütenschönheiten miteinander zu kombinieren. Zum Beispiel im Zweiklang von Grün und Rot. Knallrote Blüten, wie wir sie von Rosen oder Dahlien kennen, stellen zum frischgrünen Laub eines Bambus oder eines Katsurabaums einen Kontrast her und entfalten so ihre größte Leuchtkraft. Aber auch dunkelgrünes Buchslaub kann mit roten Blüten einen ungewöhnlich harmonischen Zweiklang bilden. Zusammenstellungen von rot- und grünlaubigen Blattschmuckpflanzen wirken zwar ebenfalls temperamentvoll, doch nicht gar so grell.

Graulaubige Blütenpflanzen wie Lavendel, Katzenminze, Hornkraut oder Woll-Ziest verbinden Laub- und Blüteneffekt in einer Pflanze – zumindest über einen begrenzten Zeitraum.

Sowohl roter als auch einfacher Grünkohl machen im Staudenbeet eine gute Figur.

Die vielseitigen Funkien sind ein bewährter Partner für zahlreiche Prachtstauden.

FLÄCHENVORBEREITUNG UND BEPFLANZUNG

Nachdem die gewünschte Form fest- und ein Pflanzplan angelegt ist, können die Umrisse in den Garten übertragen und mithilfe von Schnüren und Pflöcken markiert werden. Nach dem Abheben der alten Wuchsdecke bietet es sich an, den Boden tiefgründig zu lockern und alle Wurzelunkräuter zu entfernen. Die notwendige Bodenverbesserung sollte etwa zwei Wochen vor der Bepflanzung abgeschlossen sein.

Die Pflanzung findet bevorzugt im Frühjahr (April/Mai) oder im Herbst (September/Oktober) statt. Im Frühling kann man spät blühende Arten teilen und pflanzen, zeitgleich mit den Gräsern und Farnen. Stauden, die in Containern angezogen werden, kann man fast ganzjährig pflanzen. Am besten eignet sich jeweils ein trüber, bewölkter Tag, damit die Pflanzen nicht sofort unter Hitze leiden.

Häufig können wir zwar kostenlos Ableger vom Nachbarn bekommen – auf diese Weise lassen sich auch Musterungen zuverlässig weitervererben. Spezielle Sorten finden wir jedoch nur im gärtnerischen Fachbetrieb.

Natürlich sollte die Pflanzung bald einen geschlossenen Eindruck machen. Aber es wäre ungünstig, wenn man so dicht pflanzt, dass es den Pflanzen rasch zu eng wird und sie darunter leiden. Deshalb ist es wichtig, schon beim Planen die Endgröße der Pflanzen zu berücksichtigen. Bei Gruppenpflanzungen markiert man zunächst die jeweiligen Bereiche. Bevor sie dann endlich in den Boden kommen, empfiehlt es sich, die Pflanzen erstmal nach Plan einzeln auszulegen.

Reizvolle Lösungen für trockene Zeiten und Orte

Während wir einerseits zunehmend mit Überflutungen konfrontiert werden, werden gleichzeitig die niederschlagsarmen Perioden immer länger. Es lohnt sich also, nach Pflanzen zu schauen, die auch eine Hitze- und Trockenperiode gut überstehen können. Diese Eigenschaft kommt ebenso Pflanzen zugute, die im Regenschatten von Mauern und Dachvorsprüngen oder unter flach wurzelnden Gehölzen angesiedelt sind. Überraschenderweise steht für solche Problemstandorte eine erfreuliche Auswahl zur Verfügung.

In solchen Fällen kann man sich eine vergleichbare Situation aus der Natur zum Vorbild nehmen: die Steppe. Aus solch regenarmen Lebensbereichen, ebenso aus Prärien, Wüsten, schotterreichen Gebirgslagen oder küstennahen Gebieten, wo durchlässiger Boden und ständiger Wind für Wassermangel sorgen, stammt eine Menge von ästhetisch interessanten Hunger- bzw. Durst-Künstlern.

BLÄTTER REAGIEREN AUF TROCKENHEIT MIT VIELFALT

Pflanzen, die an solchen Standorten gedeihen, müssen ähnliche Kälteperioden wie in unserem Klima überstehen, zudem aber auch noch anhaltend heiße Sommertrockenheit. Wenn es gut gemacht ist, besitzt eine solche Pflanzengesellschaft auch Charme. Allerdings hat vor allem ihre Pflegeleichtigkeit dazu geführt, dass man die entsprechenden Bodeneigenschaften immer öfter gezielt hergestellt hat – und die sogenannten Kiesgärten überhand genommen haben.

Der Reiz eines Steppenbeets liegt weniger in einer üppigen Blütenfülle, als in den verschiedenen Texturen des Laubs. Denn viele der hier heimischen Gewächse schützen sich durch filzig-graue, ledrige oder wachsartig überzogene Blätter vor dem Austrocknen. Manche sind sogar mit sukkulenten, wasserspeichernden Blättern ausgestattet.

Steppenartige Gesellschaft mit Gräsern, Kugeldistel und Fetthenne (vorne)

So schafft man Steppenbedingungen

Steppenbeete brauchen vollsonnige Standorte und gut dränierte, sandhaltige Lehmböden. Notfalls können Sie durch Untermischen von Quarzsand und anderen Beischlagstoffen (Schotter, Feinkies und einige größere Steinbrocken) eine geeignete Bodenstruktur herstellen.

Bäume gibt es in dieser Landschaft kaum, aber immerhin Sträucher und zahlreiche Zwerggehölze wie Thymian oder Perovskie. Überwiegend gedeihen hier genügsame Kräuter und Gräser sowie Zwiebelblumen und Knollengewächse, die die sommerliche Trockenheit mithilfe ihrer Speicherorgane überdauern.

DIE TYPISCHEN GESTALTEN DER STEPPE

Zu den typischen Gestalten dieses Lebensraums gehören Kugel- (*Echinops*) und Edeldistel (*Eryngium*), Fetthennen- (*Sedum*) und Wolfsmilch-Arten (*Euphorbia*). Woll-Ziest (*Stachys*), Silber-Wermut (*Artemisia*) und Heiligenkraut (*Santolina*) sind prominente Vertreter in silbergrauem Laubkleid. Von den Gräsern prägen neben dem auffälligen Pampasgras vor allem Federgras- (*Stipa*) und Schwingel-Arten (*Festuca*) das Bild.

Die trockenheitsverträgliche Fetthenne in Gesellschaft von Teppich-Ziest (Woll-Ziest) und Gras

Gut dazu passen auch einige früh blühende Liliengewächse. Sie nutzen die restliche Winterfeuchte im Boden für ihre Blüte, um dann während des trockenen Sommers eine Ruhephase einzulegen.

Stimmungsvolle Pflanzungen lassen sich beispielsweise mit einer Kombination aus graulaubigen Königskerzen, Zierlauch und hohen Gräsern zaubern, unterstützt durch die eine oder andere Palmlilie. Solche Gemeinschaften können Assoziationen an die Weite einer Steppenlandschaft wecken.

Dankbare Pflanzengemeinschaft

Ein solches Beet braucht nicht dicht bepflanzt zu werden. Denn auch steinige Flächen in der Natur sind nur lückig bewachsen. Dennoch sollten die Pflanzen das Bild beherrschen, und nicht die Kies- oder Schotterschicht.

Eine Trockenpflanzung passt gut in die unmittelbare Nachbarschaft von Haus und Terrasse, z. B. an einem nach Süden geneigten Hang. Mit ihrem südlichen Flair und einem ähnlich anspruchslosen Pflanzenspektrum fügt sich auch eine Trockenmauer gut ins Bild.

Aufgrund der Trockenheitsresistenz kann man sogar einige Sommerwochen guten Gewissens in Urlaub fahren – ein solches Beet wird bei der Rückkehr dennoch keinen vernachlässigten Eindruck machen.

Schatten – das Reich der Texturen

Wenn eine Fläche aufgrund der wandernden Sonne weniger als den halben Tag in der Sonne liegt, spricht man von einem halbschattigen Standort. Dies ist z. B. an den Ost- und Westseiten von Häusern oder anderen Baulichkeiten der Fall.

Auch in lichten Wäldern oder am Rand von Gehölzbeständen können die Pflanzen häufig sowohl von der wärmenden Kraft der Sonne als auch von der schützenden Wirkung des Schattens profitieren. Auf der Nordseite allerdings oder unter dicht belaubten Gehölzen gedeihen nur noch die reinen Schattenspezialisten.

Die Übergänge sind je nach Himmelsrichtung und Art des Hindernisses fließend. Entsprechend flexibel reagieren die Pflanzen oft auch auf bessere oder schlechtere Lichtverhältnisse. Nicht nur das Licht, auch der Temperaturverlauf fällt im Schatten gedämpfter aus. Im Winter bedeutet das sogar einen gewissen Schutz.

STIMMUNGSVOLLE BLATTGESTALTEN

Es wurde schon erwähnt, dass im Wechselspiel von Licht und Schatten die Strukturen besser zur Geltung kommen als in der Sonne und dass umgekehrt die Farben hier naturgemäß nicht so leuchtend in den Vordergrund treten wie in der Sonne. Deshalb spielen das Laub und die Pflanzenfiguren allgemein sowie die Blattschmuckpflanzen im Besonderen in den schattigen Bereichen letztlich eine wichtigere Rolle als Blütenstauden und -gehölze.

Von diesen steht im Schatten zudem bei Weitem keine so große Auswahl zur Verfügung wie in sonnigeren Lagen. Deshalb ist panaschiertes Laub hier sehr willkommen, sorgt es doch für eine zusätzliche Belebung. Eine weiß oder auch cremefarben panaschierte Funkie beispielsweise kann aus einer solchen Ecke geradezu hervorstrahlen und damit den Eindruck einer eigenen Lichtquelle erwecken.

Als besonders malerisch empfinden wir es, wenn das vom Geäst gebrochene Licht mit grazilen Pflanzengestalten spielt. So entstehen im kühlen Schatten locker gepflanzter Bäume stimmungsvolle Bilder. Stellen Sie sich etwa vor, wie unter frühlingsblühenden Rhododendronsträuchern üppige Farne sowie Horste zart gestreifter Gräser wachsen und dazwischen individuelle Schönheiten wie der Italienische Aronstab, die bronzefarbene Oktober-Silberkerze oder das silbrig gezeichnete Kaukasusvergissmeinnicht austreiben – ein angenehmer Schattentraum!

Im Schatten leuchten gelbbunte Blätter (*Euonymus* 'Emerald'n Gold') umso kräftiger heraus.

WILDNISHAFTE ÜPPIGKEIT

In Schattenzonen sind einige Stauden mit riesigen Blättern zuhause, wie Tafelblatt (*Astilboides*), Bronze-Schaublatt (*Rodgersia*) oder Schildblatt (*Darmera*) ▶ Seite 90. Denn die hier herrschende hohe Luftfeuchtigkeit bei geringer Sonneneinstrahlung und Verdunstungsrate bietet geradezu ideale Bedingungen für solch großlaubige Pflanzen.

In Kombination mit den grazilen Wedeln der Farne lassen sich ohne Blütenfarben, allein aufgrund der unterschiedlichen Texturen, kontrastreiche Bilder schaffen, deren Üppigkeit und Ursprünglichkeit an einen Urwald erinnern. Diese Wirkung lässt sich noch unterstützen, wenn man Boden, Baumstämme und Baulichkeiten mit immergrünem Efeu oder Spindelstrauch (*Euonymus*) überwuchern lässt.

Grundsätzlich eignen sich Klettergehölze bestens für Schattenlagen. Neben dem Efeu gibt es noch weitere Arten, die mit besonderen Organen selbstständig klettern können, nämlich die Kletter-Hortensie sowie einige Formen des Wilden Weins. Allesamt stellen sie keine besonderen Ansprüche und kommen bestens mit jedem humosen, frisch-feuchten Boden aus.

Aber auch Bodendecker passen hervorragend ins Bild und sorgen dafür, dass selbst in wenig von der Sonne verwöhnten Bereichen der Boden nicht kahl zu bleiben braucht. Wählen Sie beispielsweise zwischen Haselwurz (*Asarum*), Schaumblüte (*Tiarella*), Taubnessel (*Lamium*), Lungenkraut (*Pulmonaria*) oder Dickmännchen (*Pachysandra*). Für die Problembereiche unter dicht belaubten oder flach wurzelnden Bäumen sind trockenheitsverträgliche Pflanzen gefragt, wie Elfenblume (*Epimedium*), Immergrün (*Vinca*) oder Wurmfarn (*Dryopteris*).

Zauberhafte Gräser

Gräser, z. B. Wald-Marbel (*Luzula*) oder *Carex*-Arten, lockern mit ihren oftmals breiten Blättern das Bild auf. Gelblaubige Arten, wie beispielsweise das zunehmend beliebte Japan-Waldgras (*Hakonechloa*), können in halbschattigen Lagen mit ihrer Leuchtkraft manchen Sonnenstrahl ersetzen. Der Italienische Aronstab (*Arum italicum*) ragt als Einzelgänger aus den flächig wachsenden Arten hervor.

Blütenergänzung im Frühling

Natürlich darf auch die eine oder andere Blüte das Ensemble ergänzen. Unter anderem bieten sich in solchen Lagen Rhododendron an, die im Frühjahr mit ihren Blüten prahlen und sich den Rest des Jahres im Kleid ihrer überwiegend dunkel glänzenden Blätter zeigen.

Ein Höhepunkt an Blüten ist an schattigen Standorten, entsprechend dem Vorbild des Waldes, im Frühjahr zu verzeichnen. Zu diesem Zeitpunkt prägen nämlich Zwiebelblumen das Bild, die noch vor dem Austrieb der meisten Blatttriebe den Platz nutzen, um sich den Sonnenstrahlen entgegenzustrecken, die den Weg durch die noch unbelaubten Gehölze finden.

In unseren Wäldern herrscht häufig das Busch-Windröschen vor, im Garten pflanzen wir gerne die Strahlen-Anemone (*Anemone blanda*), aber auch Schneeglöckchen und Winterling. Und natürlich präsentieren sich auch Blattpflanzen wie Immergrün und Schaumblüte zu ihrer Hoch-Zeit mit ihren Schauorganen.

GROSSE AUSWAHL FÜR DEN HALBSCHATTEN

Die meisten Funkien-Arten und -Sorten, die zahlreichen blattbunten Sorten des Kriechenden Günsels (*Ajuga*) und der Purpurglöckchen (*Heuchera*) oder die formenreiche Elfenblume (*Epimedium*) gedeihen am besten im Halbschatten, der zeitweise von der Sonne beschienen wird oder zumindest dauerhaft licht bleibt. Solange der Boden ausreichend feucht bleibt, freuen sich auch die Bewohner tieferer Schattenregionen in der Regel über das Mehr an Wärme und Licht.

Weil zudem auch eine große Zahl sonstiger Sonnenanbeter mit den etwas eingeschränkten Bedingungen noch gut zurechtkommt, kann der Gärtner in halbschattigen Lagen fast aus dem Vollen schöpfen und je nach Stil und Geschmack mithilfe der Blattschmuckpflanzen eine naturalistische oder eine formale Gestaltung oder ein Beet im Charakter eines (ein wenig blütenärmeren) Prachtstaudenbeets verwirklichen.

Funkien und Farne gehören mit ihrem formenreichen Laub zu den Herrschern schattiger Bereiche.

Laub dominiert den Küchengarten

Für den Küchengarten, insbesondere die Gemüsebeete, gilt im Wesentlichen dasselbe wie für das Prachtstaudenbeet: Gewünscht wird ein möglichst sonniger Platz auf gut gelockertem und mit Nährstoffen versorgtem Boden, damit nicht zuletzt die anspruchsvollen Fruchtgemüse, aber auch Salate, Kohlarten und Wurzelgemüse gesund gedeihen und reiche Erträge bringen. Lediglich einige Kräuter bevorzugen eher magere Standorte.

Mangold (links) beeindruckt schon mit „normalem" Laub, die Melde (rechts) besonders durch ihre rotblättrige Sorte.

Am besten legen Sie ein solches Beet nah an Haustür oder Küchenausgang an, damit Sie kurze Wege haben, wenn gerade bei der Essenszubereitung eine frische Zutat benötigt wird. Aber auch aufgrund des relativ hohen Pflegebedarfs ist eine solche Platzierung von Vorteil.

ORDNUNG IM GEMÜSEBEET

In solch zentraler Lage wäre es natürlich wünschenswert, dass der Nutzgarten auch dem Auge etwas bieten kann. Dies beginnt bereits bei der Anordnung der Beete; zum Beispiel, indem man sie nach dem Vorbild eines Bauerngartens symmetrisch anlegt, eventuell im Zentrum mit einem Brunnen, einer Skulptur oder einem Hochstämmchen.

Innerhalb der Beete kann man die Pflanzen kunterbunt mischen oder ebenfalls sehr strukturiert vorgehen. So lassen sich beispielsweise Gemüse- und Kräuterarten mit verschiedenen Texturen und Blattfarben in Reihen anbauen. Aus imposanten Kohlköpfen, blaugrün bereiften Lauchstangen, zart gefiedertem Möhren- oder Fenchellaub und rotblättrigen Kopf-, Pflück- oder Wintersalaten entstehen so interessante Muster.

Das Muster erhält durch eine niedrige Einfassungshecke einen zusätzlichen Rahmen. Hierfür eignet sich nicht nur der traditionsreiche Buchs – auch verschiedenste Gemüse und Kräuter lassen sich in dieser Funktion verwenden, wie z. B. Schnittlauch, Petersilie, Salbei oder Ysop. Den gesamten Nutzgarten kann man an den Seiten mit Beerensträuchern oder Hecken aus kleinwüchsigen Obstbäumchen einrahmen.

KUNTERBUNTE MISCHKULTUR

Wer eine kunterbunte Mischung bevorzugt, sollte sich zumindest an den Regeln der Mischkultur orientieren, wie man sie in der Gemüse-Fachliteratur findet. Sie empfehlen anhand von Erfahrungswerten die Kombinationen, die am besten und gesündesten miteinander gedeihen. Und wenn sich der Gärtner die Arten aussucht, die ihm am besten schmecken und zuletzt auch gefallen, darf er natürlich auch den einen oder anderen farblich auffälligen Solisten (Grün-Kohl 'Redbor', roter Mangold usw.) darunterstreuen.

Da die Nutzpflanzen überwiegend von Laub dominiert werden, besteht kaum die Gefahr, dass die Mischung allzu bunt wird. Im Gegenteil: Es lohnt sich, zwischen die Kräuter und Gemüsearten auch einige blühende Sommerblumen zu mischen, wie Ringel- und Studentenblumen oder Kapuzinerkresse. Unter anderem erhöhen sie die Vielfalt, locken Nützlinge und können sogar die Gesundheit von Boden und Pflanzennachbarn verbessern.

Gemüse im Topf

Die meisten Nutzpflanzen lassen sich auch im Gefäß kultivieren. Daher steht selbst auf Balkon oder Terrasse dem Anbau von Kräutern und Gemüse wenig im Weg. Es empfiehlt sich lediglich, ausreichend große Gefäße zu wählen und ausgiebig zu wässern und zu düngen.

Schon die normale Vielfalt an Blättern im Gemüsebeet gibt auch dem Auge „Nahrung".

EIN EIGENER PLATZ FÜR KRÄUTER

Wenn man den Kräutern ein eigenes Beet reserviert, können insbesondere die mehrjährigen Arten ungestört vom stetigen Wechsel der kurzlebigen Gemüse gedeihen. Zudem kann man hier die abweichenden Ansprüche der Kräuter besser erfüllen. Viele von ihnen bevorzugen beispielsweise einen weniger stark gedüngten und durchlässigeren Boden als das Gemüse.

Und auch hier lassen sich dekorative Beete gestalten. Einige der vom Mittelmeer stammenden Gewürze (*Artemisia*-Arten, Currykraut, Lavendel etc.) gehören zu den silbergrau belaubten Arten, die das Bild der blattdominierten Kräuter variieren. Solche Pflanzen werden gerne für Einfassungen oder andere geometrische Strukturen verwendet. Hinzu kommen bei zahlreichen Arten einige rot- und gelblaubige (z. B. Basilikum, Oregano) sowie eine wachsende Zahl panaschierter Sorten, die dafür sorgen, dass auch im Kräuterbeet oder auf der Kräuterspirale eine nuancenreiche Vielfalt herrscht.

Pflegetipps für Blattschmuckpflanzen

Die ersten Schritte vor der Pflanzung bestehen in der Planung und Auswahl der für den Standort geeigneten Arten und Sorten. Einer der wesentlichen Punkte ist dabei das Winterklima: In Mittelgebirgslagen sind andere Ansprüche an die Winterhärte der Pflanzen zu stellen als – im anderen Extrem – an Meeresküsten oder in Weinbaulagen.

Einige Arten brauchen im Winter Schutz; das Pampasgras vor allem gegen Vernässung des „Herzes".

BODENVORBEREITUNG

Den Boden können Sie in gewissem Umfang manipulieren, um eine bestimmte Pflanzengemeinschaft ansiedeln zu können. Den Steppenpflanzen genügt ein durchlässiger, magerer Untergrund, den Schattenpflanzen ein feuchter, humoser. Die klassischen Beetstauden dagegen wollen von allem das Beste: einen nahrhaften, frischen, gut gepflegten Boden in vollsonniger Lage. Man gibt ihnen am besten eine Grunddüngung von etwa 100 g Hornspänen pro Quadratmeter. Einseitige Eigenschaften des Bodens lassen sich am besten durch eine Kompostschicht ausgleichen.

Um auf Nummer sicher zu gehen, lohnt es sich, eine Bodenuntersuchung vornehmen zu lassen. Die empfohlenen Hilfsstoffe werden dann im Frühjahr flach in den Boden eingearbeitet.

NÄHRSTOFFE FÜR KRÄFTIGES GRÜN

Für den Aufbau des Blattgrüns ist vor allem Stickstoff erforderlich. Je besser die Versorgung mit diesem Nährelement, desto dunkler die Laubfärbung. Aber auch Kalium ist wichtig für Blattschmuckpflanzen, denn es trägt wesentlich zur Festigkeit der Zellwände bei und damit zur Standfestigkeit sowie Widerstandskraft der Pflanzen gegen Pilzkrankheiten, tierische Schädlinge und Witterungsschäden.

Der richtige Standort für Immergrüne

Immergrüne Laubgehölze sind generell frostempfindlicher als sommergrüne. Bei buntlaubigen Immergrünen ist diese Frostempfindlichkeit im Vergleich zu den grünlaubigen Arten oder Sorten sogar noch stärker ausgeprägt. Eine weitere Gefährdung geht von der Frosttrocknis im Winter aus. Bei der Standortwahl sollte man deshalb besondere Sorgfalt walten lassen. Grundsätzlich sind für immergrüne Laubhölzer halbschattige oder schattige Standorte zu bevorzugen. Zudem hat es Vorteile, wenn man diesen Pflanzen eine geschützte Lage bieten kann, z. B. in Hausnähe oder vor Mauern. Windexponierte, zugige Standorte sowie besonnte Ostlagen sind dagegen zu meiden.

Stauden mit üppiger Blattmasse sind in etwa vergleichbar mit mittelstark zehrendem Gemüse: Sie brauchen etwa 10–15 g Stickstoff und 15–25 g Kalium pro Quadratmeter und Jahr. Ziergehölze geben sich etwa mit einem Drittel zufrieden. Bei Nadelgehölzen sind zusätzliche Magnesiumgaben (Bittersalz) zu empfehlen, um einer unfreiwilligen Gelbfärbung der Nadeln vorzubeugen. Stein- und Steppengärten, kleine Gräser und naturnahe Pflanzungen mit Wildstauden kommen in der Regel ohne zusätzliche Düngegaben aus.

Mineraldünger erschöpfen die Böden rasch und reichern sie mit Nitrat an. Nachhaltig wirken hingegen die meisten organischen Dünger. Wenn man den Stauden im Frühjahr 3–5 l Kompost pro Quadratmeter verabreicht, sind die wichtigsten Bedürfnisse abgedeckt. Für Gehölze genügt etwa 1 l pro Quadratmeter.

Selbst angesetzte Pflanzenjauchen eignen sich sehr gut für Blattschmuckpflanzen, denn sie sind kali- und stickstoffbetont. Man verdünnt sie in der Regel vor dem Vergießen. Käufliche organische Dünger hingegen sind oftmals kaliumarm. Bei niedrigen pH-Werten (= saurer Boden) gleicht eine Kalkgabe das Missverhältnis aus.

Vergilbte Blätter durch Nährstoffmangel

Bei ungünstigen Bodenverhältnissen oder ungenügender Düngung kommt es zu Mangelerscheinungen, die sich zumeist als Erstes an den Blättern bemerkbar machen. Denn häufig mangelt es an Elementen, die am Aufbau des Blattgrüns beteiligt sind, nämlich Stickstoff, Magnesium, Eisen oder Mangan. Dabei entstehen jeweils typische Symptome. Bei Unterversorgung mit Stickstoff z. B. bleiben die Pflanzen klein und schwächlich, das Laub färbt sich hell anstatt in sattem Grün. Aber auch ein Zuviel kann Schäden verursachen. Bei einem Stickstoff-Überangebot werden die Zellen mit Wasser aufgeschwemmt und bieten somit ein ideales Angriffsziel für Pilzhyphen oder die beißenden und saugenden Mundwerkzeuge von Schadinsekten. Deswegen sollte gezielt gedüngt werden und nicht nach dem Motto „Viel hilft viel".

RÜCKSCHNITT ZUR RECHTEN ZEIT

Im Sommer, wenn die alten Blütenstände und der Zahn der Zeit am Anblick des Frauenmantels nagen, kann der Gärtner durch radikalen Rückschnitt einen erneuten Austrieb provozieren, sodass die Horste nach einigen kahlen Wochen hübscher dastehen denn je. Ähnlich geht man ja bei manchen Blütenstauden vor (Rittersporn, Feinstrahl …), die darauf sogar mit einem zweiten Flor reagieren.

Gelegentlicher Rückschnitt gehört zur Pflege des Laubs; bei Gräsern erfolgt er bevorzugt nach dem Winter.

Auch der Heckenschnitt dient nicht nur der Eindämmung, sondern fördert einen dichten Neuaustrieb. Bei großblättrigen Arten wie der Lorbeerkirsche sollten Sie allerdings nicht grob mit der Heckenschere vorgehen, sondern möglichst gezielt die Triebe zurückschneiden. Andernfalls bieten die zerschnittenen Blätter einen unschönen Anblick.

Vor dem Winter schneidet der ordnungsliebende Gärtner gerne die abgestorbenen Triebe zurück – obwohl das aus dem Blickwinkel von Natur und Pflanze oft gar nicht sinnvoll ist. Der Austrieb des Chinaschilfs (*Miscanthus*) beispielsweise ist sehr empfindlich und braucht den Schutz der alten Halme, weswegen man diese erst nach Abschluss des Winters entfernen sollte. Ähnliches gilt für den Becherfarn (*Matteuccia*) sowie für *Artemisia*-Arten – selbst wenn solche graulaubigen Arten im Winter oft recht unansehnlich werden.

Aber auch ästhetische Gründe sprechen oft für einen späten Rückschnitt. Zum Beispiel weil Grashalme generell im Reif attraktiv wirken. *Carex*- und *Festuca*-Arten werden überhaupt nicht zurückgeschnitten, sondern lediglich ausgekämmt.

Was vor dem Winter Sinn macht:
- Abgefallenes Laub von Rasen und Wegen entfernen,
- auf Baumscheiben und unter Hecken eventuell liegen lassen,
- offenen Boden mulchen,
- immer- und wintergrüne Arten vor der Wintersonne schützen.

SAUGENDE UND NAGENDE SCHÄDLINGE

Blattläuse rufen durch ihre Saugtätigkeit Verkrüppelungen hervor. Wenn man beim ersten Befall nicht die Ruhe verliert, können sich ausreichend große Populationen von räuberischen und parasitischen Gegenspielern aufbauen, die die Schädlinge in Schach halten. Als harmlose Maßnahme kann der Gärtner befallene Pflanzenteile anfeuchten und mit Algenkalk oder Gesteinsmehl einstäuben oder auch mit Schmierseifenlösung besprühen.

Spinnmilben („Rote Spinne“) treten vor allem in warmen, windstillen Lagen auf. Durch die Saugtätigkeit an der Blattunterseite (in zarten Gespinsten) entstehen gesprenkelte Aufhellungen. Eine Spritzung mit Knoblauchtee oder mit Schmierseifen-Spiritus-Lösung vertreibt die Spinnentiere.

Bei starkem **Raupenfraß** an den Blättern kann man ein *Bacillus-thuringiensis*-Präparat versprühen.

Dickmaulrüssler sind etwa 1 cm große Käfer, die halbkreisförmige Einbuchtungen in die Blattränder fressen. Die Larven verursachen noch größere Schäden im Wurzelbereich, bevorzugt in sauren Substraten. Gegen sie kann man im Handel erhältliche, nützliche Nematoden vergießen.

Nacktschnecken nagen ganze Pflanzen ab und hinterlassen hässliche Schleimspuren. Über diese Kriechtiere und mögliche Gegenmaßnahmen gibt es ganze Bücher. Zur Rettung wertvoller Pflanzen kann man *Ferramol* streuen, das aufgrund seines natürlich abbaubaren Wirkstoffs (Eisenphosphat) auch im biologischen Anbau verwendet wird.

BLATTKRANKHEITEN

Fäulnis sowie zahlreiche Verfärbungen und Deformierungen am Laub werden von Pilzen, Bakterien oder Viren verursacht. Letztgenannte lassen sich nicht direkt bekämpfen; stattdessen ist ihre Ausbreitung nach Möglichkeit einzuschränken.

Der **Falsche Mehltau** bildet an der Blattunterseite einen weißgrauen bis grauschwarzen Schimmelrasen, an der Blattoberseite werden gelblich weiße Flecken sichtbar. Beim **Echten Mehltau** findet man einen weißen Überzug an Blattober- und -unterseiten. Ausgiebiges Wässern bei Trockenheit wirkt vorbeugend.

Grauschimmelpilze (**Botrytis**) können bei anhaltend feuchter Witterung viele Pflanzen befallen; das Gewebe ist dann von einem grauen Pilzrasen überzogen. Vorbeugend helfen ausreichende Pflanzabstände sowie die Vermeidung von Staunässe.

Auch **Rostpilze** treten an vielen Pflanzenarten auf und verursachen die typischen verbräunten Flecken. In all diesen Fällen ist es vor allem wichtig, befallene Pflanzen(-teile) zu entfernen, damit sie nicht zum Ansteckungsherd werden. Eine vorbeugende Kräftigung der Pflanzen lässt sich durch Schachtelhalm- bzw. Kieselsäure-Präparate erzielen. Zudem empfiehlt sich ein sparsamer Umgang mit Stickstoffdüngern.

Krankes Laub ist sorgfältig zu kompostieren, damit die Erreger bei diesem Prozess unschädlich gemacht werden. Im Zweifelsfall sollten Sie es kommunal entsorgen.

Der Rost gehört zu den vielen Pilzkrankheiten, die es auf die Blätter abgesehen haben.

Service

Auf den folgenden Seiten finden Sie einige nützliche Informationen, allen voran die Listen von Blattschmuckpflanzen, sortiert nach den vorherrschenden Farben ihres Laubs und unterschieden in die verschiedenen im Garten verwendeten Pflanzengruppen. Mit dieser Hilfe lassen sich für jeden Standort und für jede Gestaltungssituation geeignete Pflanzen finden. Die Listen erheben allerdings keinen Anspruch auf Vollständigkeit.

Welche Blattfarbe darf es sein?

Gelbes Laub

DEUTSCHER NAME	BOTANISCHER NAME	STANDORT	SEITE
Stauden und Halbsträucher			
Funkien	*Hosta*-Hybriden wie 'Frisian Pride', 'Fortunei Aurea'	☼–●	38
Pfennigkraut	*Lysimachia nummularia* 'Aurea', 'Goldilocks'	☼–◐	61
Heiligenkraut	*Santolina* 'Lemon Fizz' u. a.	☼	62
Purpurglöckchen	*Heuchera*-Hybride 'Lime Marmelade', 'Electra' u. a.	☼–◐	36
Gräser			
Steife Gold-Segge	*Carex elata* 'Bowles Golden' (Syn. 'Aurea')	☼–◐	34
Lampenputzergras	*Pennisetum alopecuroides* 'Hameln Gold'	☼	
Kräuter			
Gelbblättriger Dost	*Origanum vulgare* 'Aureum', 'Thumbles Variety'	☼	
Gold-Apfel-Salbei	*Salvia rutilans* 'Golden Delicious'	☼	40
Gelber Quendel-Thymian	*Thymus pulegioides* 'Bertram Anderson'	☼	50
Zitronen-Thymian	*Thymus × citriodorus* 'Aureus'	☼	50
Beet- und Balkonpflanzen			
Buntnessel	*Solenostemon* 'Caipirinha' u. a.	☼–◐	41
Süßkartoffel	*Ipomoea batatas* 'Light Green', 'Emerald Lace'	☼–◐	45

DEUTSCHER NAME	BOTANISCHER NAME	STANDORT	SEITE
Laubgehölze			
Eschen-Ahorn	*Acer negundo* 'Aureo Variegatum', 'Odessanum'	☼	71
Fächer-Ahorn	*Acer palmatum* 'Aureum', 'Summergold' u. a.	☼–◐	(71)
Japanischer Ahorn	*Acer shirasawanum* 'Aureum'	☼–◐	
Efeu	*Hedera helix* 'Goldheart' u. a. Sorten	◐–●	35
Gold-Holunder	*Sambucus canadensis* (Syn. *S. nigra*) 'Aurea'	☼–◐	(75)
Gold-Liguster	*Ligustrum ovalifolium* 'Aureum'	☼–◐	77
Spiere	*Spiraea bumalda* 'Goldflame', *S. japonica* 'Golden Princess', 'Goldmound'	☼	
Japanische Stechpalme	*Ilex crenata* 'Golden Gem'	☼–●	77
Nadelgehölze			
Gold-Eibe	*Taxus baccata* 'Fastigiata Aureomarginata', 'Elegantissima' u. a.	☼–◐	
Orient-Fichte	*Picea orientalis* 'Aurea'	☼–◐	
Gold-Lebensbaum	*Thuja occidentalis* 'Rheingold', 'Sunkist' u. a.	☼–◐	
Goldene Scheinzypresse	*Chamaecyparis lawsoniana* 'Golden Wonder', 'Kelleriis Gold', 'Lane' u. a., *Chamaecyparis pisifera* 'Sungold' u. a.	☼–◐	
Fadenzypresse	*Chamaecyparis pisifera* 'Filifera Sungold'	☼–◐	
Muschelzypresse	*Chamaecyparis obtusa* 'Nana Gracilis'	☼–◐	
Goldener Wacholder	*Juniperus*-Arten und -Sorten wie 'Plumosa Aurea'	☼–◐	

Gelblich bis cremefarben panaschiert

DEUTSCHER NAME	BOTANISCHER NAME	STANDORT	SEITE
Stauden und Halbsträucher			
Kalmus	*Acorus gramineus* 'Ogon'	☼–◐	
Purpurglöckchen	*Heuchera* 'Elektra', 'Amber Waves' u. a.	☼–◐	36
Funkie	*Hosta* 'Fortunei Aureomarginata', *H. sieboldiana* 'Frances Williams'	☼–●	38
Gelbgestreifte Schwertlilie	*Iris pallida* 'Aureovariegata'	☼	
Gräser			
Goldrand-Japan-Segge	*Carex morrowii* 'Aureovariegata'	☼–●	34
Japan-Gold-Segge	*Carex oshimensis* 'Evergold'	☼–◐	34
Pampasgras	*Cortaderia selloana* 'Aureolineata'	☼	95
Japan-Goldbandgras	*Hakonechloa macra* 'Aureola', 'Allgold'	◐–●	67
Gestreiftes Chinaschilf	*Miscanthus sinensis* 'Zebrinus', 'Gold Breeze'	☼	95
Goldleistengras	*Spartina pectinata* 'Aureomarginata'	☼–◐	
Kräuter			
Gelbbunter Beifuß	*Artemisia vulgaris* 'Oriental Limelight'	☼	
Buntblättrige Ananas-Minze	*Mentha suaveolens* 'Variegata'	☼	
Gelblaubig-panaschierter Oregano	*Origanum vulgare* 'Aureum Variegata'	☼	
Gelbbunter Salbei	*Salvia officinalis* 'Icterina'	☼	40
Gelbbunter Thymian	*Thymus comosus* 'Doone Valley', *T. × citriodorus* 'Golden King', 'Vilanova', *Thymus serpyllum* 'Goldstream'	☼	50

DEUTSCHER NAME	BOTANISCHER NAME	STANDORT	SEITE
Beet- und Balkonpflanzen			
Lakritz-Strohblume	*Helichrysum petiolare* 'Rondello'	☼	44
Kapuzinerkresse	*Tropaeolum majus* 'Alaska'	☼–◐	47
Harfenstrauch, Weihrauch	*Plectranthus forsteri* 'Marginatus'	☼–◐	
Laubgehölze			
Eschen-Ahorn	*Acer negundo* 'Variegatum', 'Aureo-Variegatum'	☼–◐	71
Goldblatt	*Aucuba japonica* 'Variegata'	☼–◐	
Buchs	*Buxus sempervirens* 'Elegantissima', 'Latifolia Maculata'	☼–◐	76
Gelbbunter Hartriegel	*Cornus alba* 'Spaethii', 'Aureomarginata'	☼	72
Spindelstrauch	*Euonymus fortunei* 'Emerald'n Gold'	☼–●	76
Efeu	*Hedera helix* 'Aureovariegata', 'Golden Ingot' u. a.	◐–●	35
Stechpalme	*Ilex × altaclarensis* 'Golden King'	☼–●	77
Immergrün	*Vinca minor* 'Aureovariegata'	●	

Weißbunt bis silbrig panaschiert

DEUTSCHER NAME	BOTANISCHER NAME	STANDORT	SEITE
Stauden und Halbsträucher			
Aronstab	*Arum italicum* subsp. *italicum* 'Pictum'	◐–●	57
Kaukasus-vergissmeinnicht	*Brunnera macrophylla* 'Langtrees', 'Jack Frost'	☼–●	57
Funkien	*Hosta undulata* u. a.	☼–●	38
Japanische Sumpf-Iris	*Iris laevigata* 'Variegata'	☼	
Goldnessel	*Lamiastrum galeobdolon* 'Herman's Pride', 'Florentinum' u. a.	◐–●	60
Lungenkraut	*Pulmonaria saccharata, P. officinalis* 'Ice Ballett' u. a.	◐–●	111
Großes Immergrün	*Vinca major* 'Variegata', 'Elegantissma'	◐–●	
Gräser			
Japan-Segge	*Carex morrowii* 'Variegata', 'Icedance'	☼–◐	34
Zwerg-Segge	*Carex conica* 'Snowline'	☼–◐	34
Wald-Marbel	*Luzula sylvatica* 'Marginata'	◐–●	34
Japan-Silberblattgras	*Hakonechloa macra* 'Albostriata'	◐–●	67
Chinaschilf	*Miscanthus sinensis* 'Variegatus'	☼	94
Rohr-Glanzgras	*Phalaris arundinacea* 'Dwarf Garters'	☼–◐	

DEUTSCHER NAME	BOTANISCHER NAME	STANDORT	SEITE
Kräuter			
Ananas-Minze	*Mentha suaveolens*	☼	
Thymian	*Thymus vulgaris* ‘Argenteus’, *T. × citriodorus* ‘Silver Queen’	☼	50
Beet - und Balkonpflanzen			
Zierkohl	*Brassica oleracea* var. *acephala* ‘Evercream’ u. a.	☼ – ◐	43
Weißbunter Gundermann	*Glechoma hederacea* ‘Variegata’	◐ – ●	
Punktblatt	*Hypoestes phyllostachya*	☼ – ◐	45
Harfenstrauch, Weihrauch	*Plectranthus forsteri* ‘Variegata’	☼ – ◐	
Laubgehölze			
Silber-Eschen-Ahorn	*Acer negundo* ‘Variegatum’	☼ – ◐	71
Hartriegel	*Cornus alba* ‘Argenteomarginata’	☼ – ◐	(72)
Kriech-Spindelstrauch	*Euonymus fortunei* ‘Emerald Gaiety’, ‘Gracilis’, ‘Silver Queen’ u. a.	☼ – ●	76
Efeu	*Hedera helix* ‘Glacier’	◐ – ●	35
Stechpalme	*Ilex aquifolium* ‘Argentea Marginata’	☼ – ◐	77
Harlekin-Weide	*Salix integra* ‘Hakuro Nishiki’	☼ – ◐	74

Silbrig-grau

DEUTSCHER NAME	BOTANISCHER NAME	STANDORT	SEITE
Stauden und Halbsträucher			
Perlkörbchen, Perlpfötchen	*Anaphalis triplinervis*	☼	
Katzenpfötchen	*Antennaria* sp.	☼–◐	
Silberraute	*Artemisia ludoviciana* 'Silver Queen'	☼	57
Edelraute	*Artemisia schmidtiana* 'Nana', *A. stelleriana, A. arborescens* 'Powis Castle'	☼	57
Elfenbein-Mannstreu	*Eryngium giganteum*	☼	
Ziernessel	*Lamium maculatum* 'Pink Chablis' u. a.	☼–●	60
Lavendel	*Lavandula angustifolia, L. lanata*	☼	
Silberblatt-Salbei	*Salvia argentea*	☼	62
Heiligenkraut	*Santolina chamaecyparissus, S. serratifolia* 'Fine Leaf'	☼–◐	62
Woll-Ziest	*Stachys byzantina*	☼	63
Gräser			
Blau-Schwingel	*Festuca cinerea* Syn. *F. ovina* 'Eisvogel' u. a. Sorten	☼–◐	67
Kräuter und Gemüse			
Wermut	*Artemisia absinthium*	☼	
Artischocke	*Cynara scolymus*	☼	53
Silber-Thymian	*Thymus vulgaris* 'Argenteus'	☼	50

DEUTSCHER NAME	BOTANISCHER NAME	STANDORT	SEITE
Beet- und Balkonpflanzen			
Silber-Chrysantheme	*Ajania pacifica*	☼–◐	
Silberdraht	*Calocephalus brownii*	☼	
Currykraut	*Helichrysum italicum*	☼	44
Silber-Strohblume	*Helichrysum petiolare* 'Silver'	☼	44
Turkestan-Strohblume	*Helichrysum thianschanicum*	☼	44
Silberblatt, Kreuzkraut	*Senecio candicans* (Syn. *Jacobaea bicolor*) 'Angel Wing' u. a.	☼–◐	47
Laubgehölze			
Ölweide	*Elaeagnus angustifolia, E. × ebbingei*	☼	
Sanddorn	*Hippophae rhamnoides*	☼	
Nadelgehölze			
Himalaya-Zeder	*Cedrus deodara* 'Eisregen'	☼	
Scheinzypresse	*Chamaecyparis* in Sorten	☼–◐	
Wacholder	*Juniperus* in Sorten	☼–◐	
Kiefer	*Pinus* in Sorten	☼	

Blaugrün

DEUTSCHER NAME	BOTANISCHER NAME	STANDORT	SEITE
Stauden und Halbsträucher			
Edeldistel	*Eryngium alpinum, E. planum*	☼	
Riesen-Wolfsmilch	*Euphorbia characias* subsp. *wulffenii, E. c.* subsp. *characias* 'Black Pearl', 'Forescate'	☼	87
Funkien	*Hosta,* u. a. 'Halycon', 'Deep Blue Sea', *H. sieboldiana* 'Elegans' u. a.	☼–●	38
Gräser			
Blau-Schwingel	*Festuca glauca*	☼–◐	67
Blaustrahlhafer	*Helictotrichon sempervirens*	☼	68
Laubgehölze			
Hecht-Rose	*Rosa glauca*	☼–◐	
Nadelgehölze			
Muschelzypresse	*Chamaecyparis obtusa* 'Nana Gracilis'	☼	
Blauer Zwerg-Wacholder	*Juniperus squamata* 'Blue Star'	☼	
Zwerg-Blau-Fichte	*Picea pungens* 'Glauca Globosa'	☼–◐	
Blaue Atlas-Zeder	*Cedrus atlantica* 'Glauca'	☼	

Kupfertöne, bronze, rotbraun

DEUTSCHER NAME	BOTANISCHER NAME	STANDORT	SEITE
Stauden und Halbsträucher			
Stachelnüsschen	*Acaena microphylla* 'Kupferteppich'	☼–◐	
Kriechender Günsel	*Ajuga reptans* in Sorten	☼–◐	55
Silberkerze	*Cimicifuga simplex* 'Brunette'	◐	
Wolfsmilch	*Euphorbia cyparissias* 'Rubra'	☼	
Bronze-Fenchel	*Foeniculum vulgare* 'Atropurpureum', 'Bronce Leaf'	☼–◐	59
Teppich-Fetthenne	*Sedum spurium* 'Schorbuser Blut', 'Fuldaglut'	☼	111
Rotbraune Fetthenne	*Sedum telephium* 'Matrona'	☼	63
Purpurglöckchen	*Heuchera* in Sorten	☼–◐	36
Hauswurz, Dachwurz	*Sempervivum* sp.	☼	88
Gräser			
Fuchsrote Seggen	*Carex buchananii, C. flagellata* 'Bronzita', *Carex comans* (Syn. *C. petriei*) 'Bronze Form'	☼–◐	34
Rutenhirse	*Panicum virgatum* 'Rehbraun', 'Strictum' u. a.	☼	68
Beet- und Balkonpflanzen			
Wunderbaum	*Ricinus communis* in Sorten	☼	46

Rotes und purpurnes Laub

DEUTSCHER NAME	BOTANISCHER NAME	STANDORT	SEITE
Stauden und Halbsträucher			
Kriechender Günsel	*Ajuga reptans* 'Burgundy Glow' u. a.	☼–◐	55
Bergenie	*Bergenia cordifolia* 'Purpurea', 'Eroica'	☼–◐	86
Wolfsmilch	*Euphorbia amygdaloides* 'Purpurea', *E. polychroma* 'Purpurea'	☼	58
Purpurglöckchen	*Heuchera* 'Sugar Frosting', 'Blackberry Jam' u. v. a.	☼–◐	36
Gold-Felberich	*Lysimachia punctata* 'Firecracker'	☼–◐	
Teppich-Fetthenne	*Sedum spurium* 'Fuldaglut'	☼	111
Hauswurz, Dachwurz	*Sempervivum* sp.	☼	88
Vierblättriger Purpur-Klee	*Trifolium repens* 'Quadrifolium Purpureum'	☼–◐	64
Gräser			
Afrikanisches Federborstengras, Lampenputzergras	*Pennisetum* × *advena* (Syn. *P. setaceum*) 'Rubrum', 'Fireworks'	☼	69
Rutenhirse	*Panicum virgatum* 'Rotstrahlbusch' (früher 'Hänse Herms'), 'Shenandoah' u. a.	☼	68
Kräuter und Gemüse			
Rote Melde	*Atriplex hortensis* var. *rubra*	☼	
Mangold	*Beta vulgaris* subsp. *vulgaris* var. *vulgaris* 'Vulkan' u. a. Sorten	☼–◐	51
Roter Grünkohl	*Brassica oleracea* convar. *acephala* var. *sabellica* 'Redbor'	☼–◐	52
Baumspinat	*Chenopodium giganteum* 'Magenta Spreen'	☼–◐	48/53
Rotes Basilikum	*Ocimum basilicum* in Sorten	☼	49
Afrikanisches Strauch-Basilikum	*Ocimum basilicum* 'African Blue'	☼	49
Blut-Ampfer	*Rumex sanguineus* var. *sanguineus* 'Bloodveined' u. a.	☼	53
Purpur-Salbei	*Salvia officinalis* 'Purpurascens'	☼	40

DEUTSCHER NAME	BOTANISCHER NAME	STANDORT	SEITE
Beet- und Balkonpflanzen			
Papageienblatt	*Alternanthera* 'Little Romance'	☼ – ◐	
Zierkohl	*Brassica oleracea* var. *acephala*	☼ – ◐	43
Blumenrohr	*Canna-indica*-Hybriden, z. B. 'Red King Humbert'	☼	43
Punktblatt	*Hypoestes phyllostachya*	☼ – ◐	45
Süßkartoffel	*Ipomoea* 'Purple' u. a.	☼ – ◐	45
Iresine	*Iresine herbstii*	☼ – ◐	46
Blatt-Pelargonien	*Pelargonium*-Sorten	☼	
Neuseeländer Flachs	*Phormium tenax* 'Purpureum'	☼	103
Wunderbaum	*Ricinus communis* 'Gibsonii' u. a.	☼	46
Buntnessel	*Solenostemon scutellarioides* (Syn. *Plectranthus*) in Sorten	☼ – ◐	41
Laubgehölze			
Roter Schlitz-Ahorn	*Acer palmatum* 'Dissectum', 'Atropurpureum' u. a.	☼	71
Rote Zwerg-Berberitze	*Berberis thunbergii* 'Atropurpurea (Nana)'	☼ – ◐	72
Roter Judasbaum	*Cercis canadensis* 'Forest Pansy'	☼ – ◐	
Roter Perückenstrauch	*Cotinus coggygria* 'Royal Purple'	☼ – ◐	73
Blut-Pflaume	*Prunus cerasifera* 'Pissardii' u. a.	☼ – ◐	73

Dunkelrotes, fast schwarzes Laub

DEUTSCHER NAME	BOTANISCHER NAME	STANDORT	SEITE
Stauden und Halbsträucher			
Stachelnüsschen	*Acaena inermis* 'Purpurea'	☼	
Kriechender Günsel	*Ajuga reptans* 'Atropurpurea', 'Elmblut' u. a.	☼–◐	55
Japanischer Regenbogen-farn	*Athyrium niponicum* 'Metallicum', 'Burgundy Lace'	◐–●	100
Purpurglöckchen	*Heuchera* 'Obsidian' u. a.	☼–◐	36
Fiederpolster	*Leptinella angustata* 'Platt's Black'	☼–◐	
Schwarzer Schlangenbart	*Ophiopogon planiscapus* 'Niger/Nigrescens'	☼–◐	61
Beet- und Balkonpflanzen			
Päonien-Dahlie	*Dahlia* 'Bishop of Llandaff'	☼	
Süßkartoffel	*Ipomoea* 'Midnight Lace'	☼–◐	45
Schwarznessel, Perilla	*Perilla frutescens*	☼	49
Laubgehölze			
Blut-Hasel	*Coryuls avellana* 'Red Majestic' u. a.	☼–◐	
Blut-Pflaume	*Prunus cerasifera* 'Nigra'	☼–◐	73
Rotlaubiger Schlitz-Holunder	*Sambucus nigra* 'Black Lace' u. a.	☼–◐	75

Mehrfarbige Blattzeichnungen

DEUTSCHER NAME	BOTANISCHER NAME	STANDORT	SEITE
Stauden und Halbsträucher			
Kriechender Günsel	*Ajuga reptans* 'Burgundy Glow' u. a.	☼–◐	55
Storchschnabel	*Geranium phaeum* 'Samobor'	◐	
Purpurglöckchen	*Heuchera* 'Marmalade', 'Crème Brulée' u. a.	☼–◐	36
Chamäleonpflanze	*Houttuynia cordata* 'Chameleon'	☼–◐	59
Kräuter und Gemüse			
Mangold	*Beta vulgaris* subsp. *vulgaris* var. *vulgaris* 'Bright Lights'	☼–◐	51
Salbei	*Salvia officinalis* 'Tricolor'	☼	40
Beet- und Balkonpflanzen			
Zierkohl	*Brassica oleracea* var. *acephala*	☼–◐	43
Süßkartoffel	*Ipomoea batatas*	☼–◐	45
Buntnessel	*Solenostemon scutellarioides* (Syn. *Plectranthus*)	☼–◐	41

Pflanzenregister

Sachregister

Über die Autoren

Robert Sulzberger, Gartenbau-Ingenieur, arbeitete nach dem Studium zunächst im Lektorat eines Buchverlags und bei der Zeitschrift *kraut & rüben*, bevor er sich als Autor und Redakteur für Gartenthemen selbstständig gemacht hat. Er hat seither zahlreiche Fachbeiträge und Gartenbücher geschrieben und ist zudem als Veranstalter erfolgreicher Gartenmärkte am Bodensee aktiv.

Tobias Mayerhofer ist ebenfalls Diplom-Ingenieur für Gartenbau und als Fachjournalist sowie als Organisator von Gartenmessen tätig. In seine Arbeit fließt seine langjährige Praxiserfahrung ein, die er bei der Planung, Anlage und Pflege von Gärten sammeln konnte.

Bezugsquellen

Stauden und Gehölze

www.gaissmayer.de

www.graefin-von-zeppelin.de

www.baumschule-horstmann.de

www.eggert-baumschulen.de

www.hostaparadise.com

www.bambuswald.de

www.native-plants.de

www.olerum.de

www.flora-toskana.com

Saatgut

www.thompson-morgan.com

www.thysanotus-samenversand.de

www.nebelung-shop.de

sowie die (Stauden-)Gärtnerei Ihres Vertrauens an Ihrem Ort

Zum Weiterlesen

Barlage, Andreas/Hertle, Bernd/Kipp, Oliver (2018):
Beetgestaltung für jeden Standort. Von sonnig bis schattig, von naturnah bis modern.
Gräfe und Unzer Verlag, München

Bärtels, Andreas (2016):
Gehölze von A–Z. 1 500 Bäume und Sträucher.
Verlag Eugen Ulmer, Stuttgart

Bauer, Ute/Hensel, Wolfgang (2019):
Ganzjährig attraktive Beete mit Blatt und Blüte. Vielfätige Gestaltungsmöglichkeiten für jeden Garten.
Gräfe und Unzer Verlag, München

Borstell, Ursel/Bauer, Ute (2018):
Gärten mit Gräsern und Stauden.
BLV, München

Breier, Christine (2018):
Flinke Bodendecker. Flächenfüller für jeden Gartenstandort.
Gräfe und Unzer Verlag, München

Dunnett, Nigel (2020):
Naturalistische Gartengestaltung.
Verlag Eugen Ulmer, Stuttgart

von Ehren, Lorenz/ Habicht, Kerstin (2019):
Gehölze^2. 80 Bäume und Sträucher für die Gartengestaltung.
Verlag Eugen Ulmer, Stuttgart

Haberer, Martin (2014):
Ziergräser. 188 Arten erkennen und verwenden.
Verlag Eugen Ulmer, Stuttgart

Heißel, Kaspar Heißel/Haberer (2020):
Stauden. 312 Stauden für Garten und Landschaft.
Verlag Eugen Ulmer, Stuttgart

Hertle, Bernd/ Brand, Christa (2015):
Sichtungsgarten (Trial Garden) Weihenstephan.
Verlag Eugen Ulmer, Stuttgart

Kämpfer, Dieter (1990):
Palmen. Für Zimmer und Wintergarten.
Verlag Eugen Ulmer, Stuttgart

Kreß, Christian (2021):
Meine Welt der Stauden. Staudenbeete anlegen, pflegen und verändern.
Verlag Eugen Ulmer, Stuttgart

Lehari, Gabriele/Boss-Teichmann, Claudia/Pahler, Agnes/Kleinod, Brigitte (2018):
Kräuter! Gartenspaß und Kochvergnügen.
Verlag Eugen Ulmer, Stuttgart

Leyhe, Ulrike (2007):
Gräser und Farne. Alle wichtigen Arten und Sorten im Porträt.
BLV, München

Lugerbauer, Katrin (2017):
Schattenstauden. Die dunkle Seite Ihres Gartens.
Verlag Eugen Ulmer, Stuttgart

Ney, Iris (2019):
Lebendige Gärten im Winter. Winterliche Höhepunkte gestalten.
Verlag Eugen Ulmer, Stuttgart

BILDQUELLEN

Alle Bilder stammen von Robert Sulzberger, außer: Flora Press/Christine Ann Föll: S. 80/81, 106/107, 124; Flora Press/Digitalice Images: S. 134; Flora Press/GWI: S. 61 l.; Flower_Garden/Shutterstock.com: S. 63 l.; GAP Photos/Jo Whitworth: Titelfoto; GAP Photos/John Glover: vordere Klappe außen; GAP Photos/Richard Bloom: Klappe vorne (Big Daddy), S. 32; GAP Photos/Richard Bloom – Design: Adrian Bloom: S. 70; GAP Photos/Torie Chugg: S. 36; Hans-Roland Müller/botanikfoto: S. 2 l., 7 r., 71 l., 73 l., 74, 75, 77 l., 129; hjochen/Shutterstock.com: Klappe hinten (Salbei), S. 15; imamchits/Shutterstock.com: S. 37; Kathryn Roach/Shutterstock.com: S. 68 l.; mauritius images: Klappe vorne (Touch of Glass, Wide Brim, Pink Devil), Klappe hinten (Evergold, Süßkartoffel, Farn), S. 2 M., 4/5, 7 l., 9, 11, 16, 18/19, 24, 26, 28, 29, 31, 33, 38, 41, 46 r., 47 l., 49 l. und r., 57 r., 63 r., 67 r., 76 l., 77 r., 85, 94, 96, 110, 119, 125; Mayerhofer, Tobias: S. 51, 88, 109; Molly Shannon/Shutterstock.com: S. 45 r.; Peter Turner Photography/Shutterstock.com: S. 52; PFMphotostock/Shutterstock: S. 71 r.; R. Knapp/Shutterstock.com: S. 57 l.; R. Herzberg/Kientzler Jungpflanzen: Klappe vorne (alle Purpurglöckchen), Klappe hinten (Turkestan-Strohblume), S. 25, 44, 46 l., 64, 86, 103, 113 r., 116; Repelsteeltje/Shutterstock.com: S. 35; simona pavan/Shutterstock.com: S. 73 r.; Skripnichenko Elena/Shutterstock.com: S. 92; Skyprayer2005/Shutterstock.com: S. 50, 55, 65; Steffen Hauser/botanikfoto: Klappe vorne (Bronze Age), Klappe hinten (Walzen-Wolfsmilch), S. 53 r., 58, 59 r., 60 l. und r., 66, 78, 84, 87, 98, 99 l., 101, 105, 126, 131, 132, 136/137; Tina Apriastuti/Shutterstock.com: S. 43 l.; Traveller70/Shutterstock.com: S. 3, 45 l.

Die Zeichnungen auf der hinteren Klappe stammen von Helmuth Flubacher.

Wir danken der Firma Kientzler Gartenbaubetrieb GmbH & Co KG, Gensingen für die freundliche Bereitstellung einiger Bilder.

IMPRESSUM

Bibliografische Information der Deutschen Nationalbibliothek
Die Deutsche Nationalbibliothek verzeichnet diese Publikation in der Deutschen Nationalbibliografie; detaillierte bibliografische Daten sind im Internet über http://dnb.d-nb.de abrufbar.

Wollgrasweg 41, 70599 Stuttgart (Hohenheim)
E-Mail: info@ulmer.de
Internet: www.ulmer.de

Projektleitung: Carolin Witte
Lektorat: Sabine Drobik
Herstellung: Birgit Heyny
Umschlaggestaltung, Layout und Satz:
Antje Warnecke, nordendesign.de
Reproduktion: time:ray, Jettingen
Druck und Bindung: Westermann Druck, Zwickau
Printed in Germany

ISBN 978-3-8186-1279-5